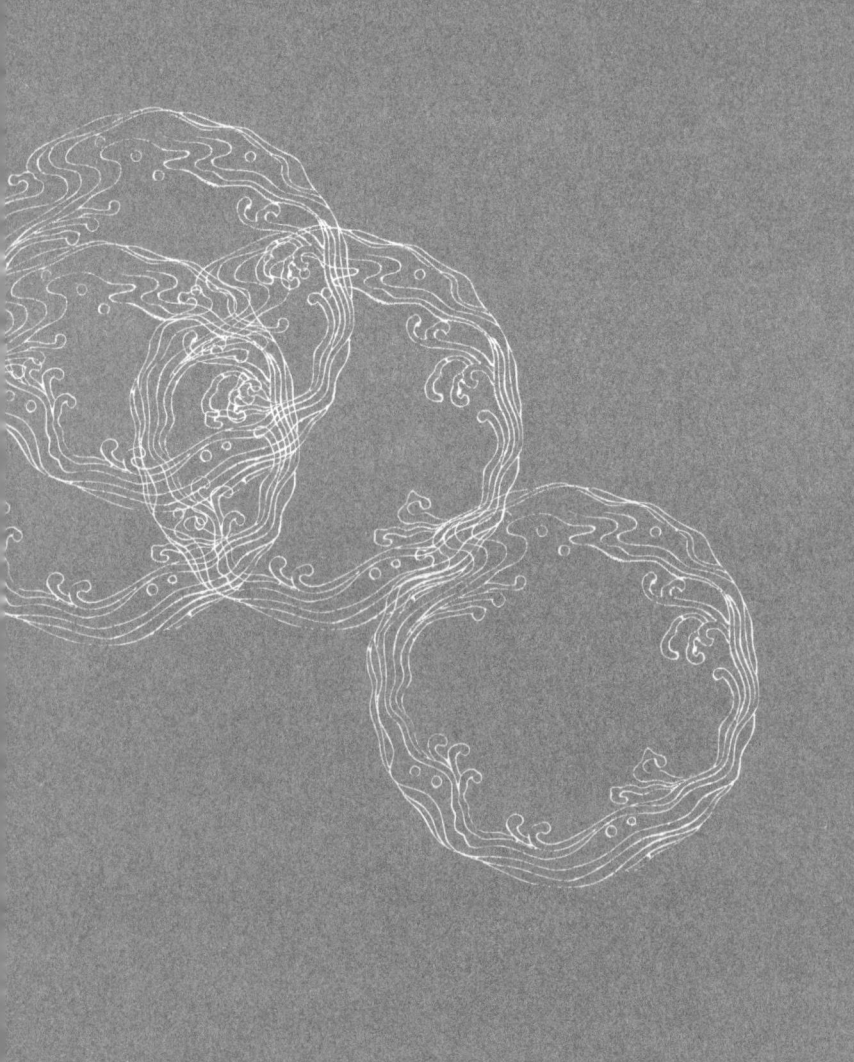

望
MOUNTAIN

登自己的山
———
All This Wild Hope

葛兆光 著

东京
札记

辽宁人民出版社

© 葛兆光 2023

图书在版编目(CIP)数据

东京札记 / 葛兆光著. — 沈阳：辽宁人民出版社，2023.12
ISBN 978-7-205-10780-2

Ⅰ. ①东… Ⅱ. ①葛… Ⅲ. ①读书笔记－中国－现代 ②随笔－作品集－中国－当代 Ⅳ. ①G792②I267.1

中国国家版本馆CIP数据核字(2023)第101499号

经允晨文化实业股份有限公司授权出版

出版发行：辽宁人民出版社
地址：沈阳市和平区十一纬路25号 邮编：110003
电话：024-23284321（邮　购） 024-23284324（发行部）
传真：024-23284191（发行部） 024-23284304（办公室）
http://www.lnpph.com.cn

印　　刷：	北京华联印刷有限公司
幅面尺寸：	130mm×203mm
印　　张：	12.25
字　　数：	230千字
出版时间：	2023年12月第1版
印刷时间：	2023年12月第1次印刷
责任编辑：	盖新亮
特约编辑：	谭宇墨凡　顾逸凡　朱天元
装帧设计：	汐和 at compus studio
责任校对：	冯　莹
书　　号：	ISBN 978-7-205-10780-2

定　　价：128.00元

小引：在东京的八个月

2019年的最后一天，2020年元旦的前一天。

这一天下午，我和妻子从上海虹桥到达东京羽田。作为日本东京大学高等研究所东京学院（Tokyo College）的特任教授，我将在这里开始为期八个月的访问与工作。

此前三十年，我到过日本太多次，不是在京都就是在东京，时间或长或短，不过，那时候想借难得的机会查数据，总是忙着看书写作，妻子说我到了外国依然像在中国，总是图书馆、研究室、学校食堂和住处四点一线。这次情况有点儿不同，不仅因为年过七十，我不打算再给自己太多压力，而且因为有长达八个月的时间，不免就动了"日本走透透"的念头。有点儿像老夫聊发少年狂，我也想实践一下最近流行的"行走史学"或"史学行走"。

原计划中的所谓"行走"，要去的地方有过去强悍的萨摩藩（如今的鹿儿岛），朝鲜通信使总经过的濑户内海中岛，空海开创的真言宗圣地高野山，甚至还想去大交换时代的中心冲绳。可人算不如天算，没想到，这场席卷全球的疫情，让看上去很美丽的行走计划，全部化为泡影。电视上每天反复播放着东京都知事小池百合子的"不急不要""避免三密"，在这样恳切的呼吁中，我们只能"宅兹东京"（开个玩笑，不是"宅兹中国"），又回到过去的老习惯，依旧是研究室、图书馆、食堂和住处四点一线。

三月之后，疫情渐渐严重。东京大学图书馆宣告闭馆，校方劝告大家尽量少去研究室，大学食堂陆续停业关门，周围的商店与餐厅也不得不缩短了营业时间，于是，更多的时间里，我们只能困守汤岛天满宫男阪下的住所，全心全意地读各种日本史论著。顺便一提，这次访问要多读日本学者的日本史论著，是我一开始就定下的计划。不过，尽管我想专心多读日本史论著，可心里想的仍是中国史的问题。那些日本史论著，往往成为我在亚洲史背景中重新理解中国史的资源。

东京的一月，汤岛天满宫的白梅纷纷开且落，撒了满地如鱼鳞般的残瓣。接着的三月，是上野漫天飞雪似的樱花。四月则是满街的杜鹃，我惊叹日本的杜鹃花居然会有如此变幻多端的色彩。五月，又看见花团锦簇、五颜六色的紫阳花满开。住所离不忍池很近，六月、七月看到的是荷花，一点一点地藏在田田的荷叶之中。花开花落的八个月中，我经历了一月的朔风、三月的飞雪、五月的阴雨和七月的阳光，看到了东京大学校园从人声喧哗到寂静无声，也看到上野阿美横从游人如织到门可罗雀。到八月的酷暑来临，依然很无奈地看着病毒肆虐，而我即将结束八个月的访问回国。

最后补充交代一下。我多年来的习惯是，但凡读书，必作笔记。因此，我的笔记和别人的日记不同，更像是自己的读书日课——前些年出版的《且借纸遁》就是这类笔记的选编。不过，事情也有例外。如果人在海外，总觉得异域游历很难得，也会信手记下一些感想，所以笔记中也掺杂了一些读书之外的参观、活动和游览。离开东京回到上海，回头翻看厚厚的笔记本，这八个月不只留下了东京的美好记忆和读书心得，也留下了疫情防控期间困守日本的复杂心情。

于是经筛选之后，就编成了这本文章长长短短、体例不一的札记。

2021 年 4 月写于上海

一月

2020.1.1

在日本过新年

今天是 1 月 1 日，中国叫"新年"，日本叫"正月"。21 世纪第二个十年已经是最后一年。在这第二个十年最后一年的第一天，我们在日本过元旦。

所谓"元旦"，尽管原本只是日历（公历）上规定性的一天，月亮照常落下，太阳照常升起，并不见得从这一天起就真的万象更新，可是，全世界的人就是觉得这一天该辞旧迎新了，所以叫"新的一天"或"新的一年"。日本人在明治以前，也和中国一样用传统历法过旧年，自从改用公历，他们就把过去对旧年的热情，转移成对新年的热情，这也算是"实"为"名"所变吧。

早上，本打算去紧挨住处的汤岛天满宫随喜。天满宫供奉学问之神菅原道真，因此我们这条街道因了神社的缘故，就叫作"学问道"。我们住的 Elite Inn 靠着石头阶梯，沿着阶梯上去就是天满宫。这条阶梯叫作男阪（另有女阪和夫妻阪），共三十八级台阶。好不容易爬上去，让我吃惊的是，偌大的神社里早已人满为患，来参拜的大都是求学和考试的年轻人，可能还外加他们充满焦虑的父母亲？日本人特别怕乱，所以神社四周都有警察在维持秩序，甚至还有消防车在下面守候，以防万一。警察规定，凡来参拜的人，只能从天满宫的正门大道进入，而男阪、女阪和夫妻阪三条石阶步道，要么不许人走，要么只出不进。日本人向来听话，绝对不会逆行，这在日语中叫"顺路"。

入乡不能不随俗，我们只好乖乖退回，绕路到春日街道，去东京大学散步。路上经过麟祥院，这是临济宗妙心寺的别院——依稀记得这里曾经发现16世纪的《混一疆理历代国都之图》，后来才搞清楚，收藏地图的不是东京的麟祥院，而是京都的麟祥院。据宫崎市定说，这幅《混一疆理历代国都之图》的时代不如龙谷大学所藏的那一幅早，可能是根据嘉靖五年（1526）中国人重绘的《大明混一图》绘制而成，这么说来，它比龙谷那幅1402年朝鲜人绘制的地图要晚得多。不过我没有见过，只是读书所知而已。很多人并不知道有这回事儿，但都知道这个麟祥院是德川家光奶妈春日局的墓地——院门口就有春日局的铜像，也因此，门口这条路就以"春日"命名。

麟祥院很安静，几乎没有人，大概人们都去汤岛天满宫、浅草寺或者明治神宫这些耳熟能详的正月祭拜场所了。我们走进去，看到这里不只有春日局的墓地，还有好多好多家族的墓碑，仿佛法国巴黎的蒙帕纳斯墓园。不过，这个墓地可比不上蒙帕纳斯墓园，那里下葬有许多世界名人，像作家莫泊桑、诗人波德莱尔、社会学家涂尔干、数学家庞加莱，当然还有著名的保罗·萨特和西蒙娜·德·波伏瓦。这里好像没有那么多名人，不过，这个地方是当年日本著名学者井上圆了创办东洋大学的地方，所以，也立着一块有关东洋大学的石碑，只是现在的东洋大学已经迁到三四里外的向丘；此外，还有一块十分高大的"中华民国留学生癸亥地震遭难招魂碑"，是日华学会同人1924年为纪念地震中死难的中国留学生建立的，这不由让人想到1923年的东京大地震。灾难实在是厉害，不知道当年华人留学生有多少人遭难。

从东京大学出来，走下无缘阪，在上野不忍池边闲走——晴天阳光下，群群白鸥在大片枯荷上飞来飞去，风景煞是好看；到了晚上，趁着警戒撤下，我们再经男阪登上汤岛天满宫，终于看到了里面的情景。幽深的本殿里，隐隐约约有两名盛装的神职人员，一动不动地端坐在中间，也许是古代所谓象征神灵的"尸"？一位穿着古装的女子，在大殿中匆匆来去。外面排队参拜的人仍然络绎不绝，向

麟祥院中的"中华民国留学生癸亥地震遭难招魂碑"

新年之夜的汤岛天满宫本殿

钱箱中投硬币，拍手合十，拍拍掌，一脸虔诚的样子。最令我感兴趣的是，殿后满满一长溜儿密密麻麻挂着的绘马上，写满了"受验合格"和希望入读理想大学的心愿，而扎起来的祈愿纸条上，更是写满了各式各样的祷词，大多数无非是希望考上某某学校。

看着层层叠叠的绘马，心里有点儿奇怪：为什么很少看到有人在绘马上写考上东京大学、京都大学这等名校的祈愿？我想，也许是日本人认为，向神灵祈祷也须量力而行，不可以欲望太满吧？又或许是，真正要考名校的学霸们根本无需向神祈求，他们自己就信心满满。

2020.1.2

宽永寺和黑田纪念馆

住处离上野近，今天专程去从前未参观过的宽永寺。

步行不过十分钟，就到上野公园。看到主干道两侧树干像生铁一样漆黑的樱花树，想到三月樱花季节，便满心欢喜——今年看樱花也许最方便。绕过东京国立博物馆和法隆寺宝物馆，从西侧经黑田纪念馆和国际儿童图书馆，不多远就是宽永寺。

来的人很少，也许是寺院躲在热闹而有名的博物馆背后的缘故？但东叡山宽永寺来头很大。宽永二年（1625），也就是明朝末年的时候，据说幕府为了祈求万民之平安，由一个天台僧人慈眼大师天海（1536—1643）建造了这座寺庙，后来成为德川家纲的灵庙；再加上明治维新之前，德川庆喜被迫"大政奉还"后就住在这里，因此这座寺院与德川家有分不开的关系——大殿里面供奉了德川时代从德川家康起的十几位将军的画像。很巧的是，原本不开的

宽永寺门外

根本中堂，也就是最重要的大殿，今天由于新年所以特别免费开放，于是我们顺势进入，仔细看了看里面供奉的国宝级的药师琉璃光佛像，以及作为重要文化财的四天王和十二神将。据说，这座国宝级的药师佛像，乃天台宗的开山祖师最澄亲手雕成，是否真的如此，谁也不知道。佛像被供奉在中央，但是垂帘遮掩，看得不清楚，就连介绍上也说，这只是"传えられています"（传说）。

江户时代的宽永寺非常庞大，上野公园的清水观音寺、不忍池畔的弁天堂，甚至原本神佛合一的东照寺天满宫及五重塔，都曾属于它。只是后来这里变成现代的恩赐公园[1]，才被分割开来，建起了动物园、博物馆等。走回来的路上，顺道看了看没有开放的国际儿童图书馆，这是一座明治到昭和时代的西式建筑。然后看了看黑田纪念馆，这是为纪念日本明治大正时代开创西洋绘画时代的大画家黑田清辉（1866—1924）而建立的，黑田曾在法国学习绘画，推动了日本的绘画开放风气，后来当上帝国美术院的院长。馆里陈列着他的一百多件画作，今天又很巧，也是因为新年，特别室对公众开放，除了那两幅被极力称赞的《湖畔》《智·感·情》，以及以他的法国恋人（据说是一

---

[1] 上野公园的正式名称为上野恩赐公园，因1924年大正天皇将公园赏赐给东京市而得名。

个肉铺老板的女儿)为模特的《读书》,还有《往昔》从草稿到成画的过程,都被一一陈列出来,特别是那幅用西洋画法画的穿着日本传统和服的京都鸭川艺伎,倒真是有趣。今天算是一饱眼福。

看过之后也有一点儿感慨。黑田清辉与内藤湖南、白鸟库吉,算是明治一代人,我很好奇,那一代日本知识人怎么一下子就能改变当时的保守传统,而他们的骨子里却又那么深地浸在保守传统之中。当然,当时日本风气之转化,受到了上层(包括天皇)支持,在明治维新大潮中,并没有那么坎坷,所谓形塑"和魂洋才"似乎也很成功。那么,为什么中国从晚清到民初的转型,相比起来似乎更艰难?究竟是什么原因?

在黑田纪念馆前

2020.1.3

新年特别开放的赤阪迎宾馆

新年这几天,东京大学不上班,没法去办入职手续,只好闲逛,权当给自己放假。

我在报纸上看到消息说,赤阪附近的迎宾馆离宫这几天特别对外开放,难得的机会,于是兴冲冲前往。乘千代田线从汤岛到国会议事堂前,换丸之内线到四谷,一共不过七八站,路上倒是很快。没承想到了之后,才发现要排老长的队。开始还不知道,以为排队的只是离宫门口那些人,也就几百号,排就排吧,可进去之后,才看到里面居然还有黑压压的一大片,总得有两三千人。日本人真守规矩,老老实实地"顺路",我们也只能融入主流,慢慢等,慢慢挪。

四五十分钟之后才进去,却不免有些失望。其实,里面并没有太多风景可看。1919年修起来的这座西洋巴洛克风格的迎宾馆,看上去的确相当华丽和庄重,在阳光底下，两个巨大的星球在房顶闪着光。象征皇家的菊花浮雕，镶嵌在西洋风格的白色浮雕之中。迎宾馆前后有宽敞的庭院，碎石铺成的道路，加上巨型喷水池的水花，四周修饰精致的松树，很有点儿法国凡尔赛宫的意思，但是地方大，不免空旷，看惯了精致小巧、一步一景的日本庭院，再看这种西式宫廷大院，不免觉得大而无当。庭院边上好多树，倒是长得郁郁葱葱，其中还有苏联总统戈尔巴乔夫在20世纪80年代种的。

日本的明治大正时代，上下都掉头向西转，转得也真是快，这个迎宾馆就是那个时代大造仿西洋建筑风潮中的产物。有人觉得日本倡导"和魂洋才"，是"船小好调头，人少好过年"，而中国讲究"中体西用"则是"死的拽着活的，活的缠着死的"，真的是这样吗？

在赤阪迎宾馆戈尔巴乔夫所植树前

2020.1.8

在东京闲读《宋史》

11世纪到13世纪的时候，宋辽金互为敌国，还是华夏一家？今天中国学界的一些学者，出于捍卫中华民族大家庭的立场，可能会有意无意站在时下的位置，忽略历史的事实。

说实话，没有人会相信，当时的宋朝君臣与民众会把契丹辽和女真金视为"本是同根生"的兄弟，也不会有契丹人和女真人把宋朝民众视为"同类"。如果回到那个时代去体验，我们会感到当时彼此之间真是缺乏认同，存在心理嫌隙。特殊情况也不是没有，那就是当契丹和大宋都被女真人打败，并被占领了大片疆域的时候。换句话说，也就是他们共同面对更强大的敌人威胁时，才会有"兄弟之国"的勉强说法。《宋史》卷三六〇《宗泽传》记载了一个叫王策的人，"本辽酋，为金将"，被宗泽擒获后，宗泽为了鼓动他反金归辽，才说到宋辽本来是"兄弟之国"。

但是，一般的宋人始终视契丹和女真为"异类"，视辽和金为"敌国"。《宋史》卷三一二《韩琦传》中，韩琦和宋神宗对话时，就说宋辽之间互为敌国，所以互相戒备，一旦有风吹草动，就"见形生疑"。韩琦的理解是，"契丹素为敌国，因事生疑，不得不然"；而再晚一些的李纲，则在南宋之初华北中原沦丧之际，建议设置河北招讨司和河东经制司，因为必须对沦陷疆域之民众有所承诺——他的说法是"宣论天子恩德，所以不忍弃两河于敌国之意"。

用"敌国"这个概念，表明那个时候契丹、女真与宋并没有共同的所谓"中国意识"。这种彼此的敌意，在辽金方面也一样。

2020.1.9

与渡边浩教授对谈

老朋友渡边浩来,在住所聊了一会儿闲天。

他真是一个心无旁骛的学者。刚开始闲聊,他就谈到他最近在学士院的演讲,内容是"江户时代的游艺"。他说,江户时代中期以后(十七八世纪)的日本社会流行"游艺",内容包括茶道、花道、儒学、俳句等,不同身份的人都去参加,形成一个一个的"社"。更重要的是,这种"社"后来在明治维新的时代,转化为思想性与政治性的社团,比如明六社等,同时也形成各种会社。由此他联想到哈贝马斯所谓的"公共领域"问题。他说,虽然江户时代的"社"并不是哈贝马斯所讨论的议论政治问题的空间,也不一定受到法律和政治的庇护,但这种结社还是有一定意义的。

我向他提了几个问题:第一,这种社团,既然并不像欧洲的咖啡馆等讨论政治问题,那么在当时能否起到公共领域的作用？第二，中国虽然在晚明也有东林党、复社那样的结社，但在明代前期和清代，大多数时间里并没有这种思想上的自由结社之风，那些书院和诗社也不像日本那样，可以有不同身份、不同阶层、不同性别的人共同参加，而是往往根据身份与性别分得很开，所以不一定能起到近代社会公共领域的作用。我认为，中国近代公共舆论生成的组织基础，不在这些社团，而在新式学校、近代报社、各种帮派（如青洪帮）以及地方性组织（如北京的湖广会馆）。第三，他说日本江户时代，大名、游女、商贩、儒生可以一同学习俳句，仿效松尾芭蕉，收集俳句的集子也会把他们的作品统统收入，不分彼此上下。但中国的情况却不太一样，我特别向他解释，中国的阶层与身份的界限很清楚，比如"戏子"就不能上殿堂，"妓女"就不能公然登堂入室，女性可以写诗作画，却只能入"闺阁"一类。第四，从这种所谓公共领域的状况看，一方面，中国传统社会阶层、性别、学术的分别很清楚，另一方面，在中国构成彼此认同的纽带是"同"，比如同宗、同乡、同年、同榜、同学、同好等，这种社会关系使得他们有了阶层利益的考虑，而不容易打破阶层身份进行彻底改良，瓦解传统的社会关系。

我们一道去不忍池旁的东天红中餐厅吃自助餐，其间夹杂着用中文、日语和英文谈话，居然也能够谈得很深入。也许是因为有共同关注的学术问题和共同信仰的自由思想吧。他说，他和我交流不多，专业也不一样，语言也没有那么通，但我们共同点非常多——比如，都不喜欢福山、柄谷行人、酒井直树的那些新潮说法，也非常警惕新左派、新儒家和看似后现代的那些理论。他送给我一篇内容很有意思的文章，指出近代社会转型，按照托克维尔的观察，往往会朝着一个方向走，即取消地方势力，加强国家集权，出现专制强人。法国（建立法兰西民族国家，强化皇帝的权威）如此，日本（尊王攘夷，撤藩置县）也如此。然而他认为，中国在宋代已经如此（我认为应当是秦汉），所以这并不一定是"近代转型的必然途径"。他说，去年他在法国作这一主题的演讲，法国人相当不满，他们尤其不满的是，怎么可能中国出现这一趋向会比法国更早！

我哈哈大笑，说也许法国人混淆了"早"和"好"，是不是早就一定好？国家转型的先一步，未必就是好事，法国人不必如此介意。他同意我的看法，并且指出，法国学者仍然有"早"即"好"的进化论习惯，更有欧洲优越的自尊心。我们两人都强调历史研究中各国背景差异的重要性，所以喝咖啡的时候，我给他讲"山中人"和"山外人"的差别，以及中国国内学者与国外学者在有关中国崛起、现代性批判、国家主义和世界主义等各种论述方面的不同,他相当赞同我的看法。

通达的学者一样通达。简单的午餐后,他执意要带我去江户日本的中心日本桥。他说,日本桥那一片地方,既是传统江户日本的中心,也是摩登东京的中心。那里有种种和传统结合的非常时尚的东西。我们先到台湾人开的诚品书店,渡边浩说,日本影响台湾很厉害,而这是台湾唯一影响到日本的象征;然后又到17世纪就开始经营的三越百货,在那里我才搞清楚,原来三越与三井是一家。20世纪前叶修成的西洋式楼宇,现在看上去还是相当壮观,三越里面高大的"天女"塑像,是艺术家佐藤玄玄(1888—1963)用十年时间创作并在1960年完成的,矗立在一楼大厅,极为高大,看上去就像佛寺里面的观音,只是装饰过于华丽且色彩缤纷,现在已被列为日本重要的文化财产。

2020.1.11

碧岩录读书会

今天，在本乡三丁目东大附近的佛教青年会参加小川隆和土屋太佑等主持的"碧岩录读书会"。讲者是驹泽大学研究宋代禅宗史的荣誉教授石井修道，他从一通芙蓉道楷[1]碑开始，说到北宋末南宋初默照禅和看话禅[2]的研究，其研究风格比较接近我们熟悉的历史和文献路数。发给我们阅读的长文也很有一点儿意思。

记得第一次参加日本有关禅语录的读书会，还是在四分之一世纪前，即1994年的京都。那次好像是衣川贤次教授带我去的，就在他们花园大学[3]禅文化研究所，是入矢义高（1910—1998）和柳田圣山（1922—2006）两位教

---

[1] 道楷为北宋曹洞宗禅师，曾因拒受宋徽宗御赐紫衣而下狱，后遭放逐，建庵于芙蓉湖上，故世称"芙蓉道楷"。
[2] 默照禅和看话禅分别为曹洞宗和临济宗的代表性修行法门。
[3] 日本临济宗的宗立大学，历史可追溯到1872年成立的妙心寺寮。1988年成立国际禅学研究所。

授主持的禅语录读书班。记得读书会上我对"大羹不作"四字有不同理解,还斗胆解说了一番,不过,我也对日本学者们细读方式的印象很深。很遗憾,现在入矢义高和柳田圣山两位都已作古多年。

小川隆和土屋太佑都是自觉承继入矢义高和柳田圣山的衣钵,以历史、文献和语言三者的综合研究为特色的禅史研究者,因而这种读书班或者研究会的形式至今仍然延续着。有趣的是,"碧岩录读书会"大约二十人,居然有两张西方面孔。其中,法国学者迪迪埃·达万(Didier Davin)是第一次见到,日语讲得好极了,光听他讲话,真是感觉不出来是西洋人。日本的佛教学者很注意与世界交往,从释宗演、铃木大拙起,就有意识地向世界介绍佛教,所以收了不少洋弟子。以前认识、现已去世的美国教授马克瑞(John McRae),还有没见过的法国学者佛尔(Bernard Faure),都是在日本学禅宗史的洋学者,受柳田圣山的影响很大。这些洋人对禅宗真的有特别爱好,难怪石井修道这篇这么专业的论文,还有全文翻译成英文的版本。

2020.1.12

警惕"逆向东方主义化"

近年来,伴随东亚的发展和中国的崛起,东亚(特别是中国)学术界和思想界,逐渐有一种确立东亚(或中国)问题、立场和视角的欲望,所以,受萨义德(Edward Said)的影响,对西方中心主义或西方立场的东方主义,以及过去东方学界的"自我东方主义化"(self-Orientalization)取向,往往有尖锐的批评,认为应当用东亚(或中国)自己的立场,来审视或评价东亚的政治、文化、历史与传统。

我认为,这种试图确立学术主体性的想法当然有其正当性,但是也应当注意到,从一个极端到另一个极端,似乎总是中国学界的常态。伴随"中国崛起"的自信满满,是否又会出现"逆向东方主义化"(anti/reverse-Orientalization)的倾向?当反西方中心主义成为一种人人争相表演的政治正确,这表现在学术与思想上,也就会是处处用反西方的姿态来发掘和解读东亚传统。这样一来,"凡是敌人反对的,我们就要拥护,凡是敌人拥护的,我们就要反对"这句斗争格言,在这里将再度起作用。

想收集一些资料,尤其是中国历史学界的论述,写一篇这方面的文章。

2020.1.15

将基面贵巳与宇野重规讨论"爱国"

日本的《周刊·读书人》在2020年推出专题"世界的视角",用了十几个整版来关注世界上发生的种种新变化,比起中国读书界和新闻界,日本似乎更有"世界意识"。读报的时候,我倒是特别关注了一个有关"爱国"的对谈,这是刚刚发表在1月10日《周刊·读书人》第一版和第二版上的《真正的爱国——以及为什么产生?》。对谈的双方是将基面贵巳(新西兰奥塔哥大学教授)和宇野重规(东京大学教授)。

2019年,将基面的两本书在日本引起不小反响。岩波书店出版了他的《爱国的构造》(《愛国の構造》,岩波书店,2019年版),百万年书房出版了他的《为日本国民写的爱国教科书》(《日本国民のための愛国の教科書》,百万年书房,2019年版)。由于在英语世界任教,他注意到"爱国"作为政治概念,近来在西方学术界复活,而作为日本裔学者,他也关注

"爱国"这个概念在日本是否真的能被正确理解。也就是说，"爱国"是日本理所当然的自然感情吗？

尽管过去三十年，日本曾经有佐伯启思的《日本之爱国心》、姜尚中的《爱国的做法》两部著作代表了平成时代的"爱国论"。那么，如今的令和时代，怎样重建正确的"爱国论"？将基面教授想说的"爱国"究竟是什么？在对谈中，东京大学的宇野教授曾追问道，在《为日本国民写的爱国教科书》中，对即使是温和的民族主义，将基面有没有批判？宇野举出2019年对新天皇即位一事日本上下的众多反应。据说当时，日本出现了大量对天皇的礼赞言论，比如说，有皇室传统的日本是特别的国家；甚至说这就是日本神国传统的一个脉络。这种日本礼赞未必是基于事实的现状分析，只不过是把"日本是日本"这种同义反复拿来言说。宇野认为，如果陷入这种情绪来谈"爱国"，那么，会不会把爱国者之外的言说，都说成是"反日"而加以敌视？宇野提出的问题是：这是真的"爱国"吗？

将基面对此的回应中提到，战后日本的民族认同，未必是种族和地域意义上的，而主要是源于战后的经济成功。可是，20世纪90年代以后经济"失落的三十年"，却使得这种民族认同基础逐渐消失殆尽。他引用英国学界的说法，说英国的认同（identity）与经济状况和教育水准有关，出现"どこでも派"和"どこか派"[1]的两极分化。但有趣的是,虽然日本的贫富差异很大,人们却异口同声、毫无根据地说一些无端的爱国言论,什么日本人厉害啦,日本是特别的啦。他承认,心地善良的温和民族主义,是因为觉得自己不是一个人而是在群体中,这才更有安全感,这样的爱国情感一定有它的道理。

但是,熟悉西方政治思想的将基面教授根据英国的政治思想谱系,特意在理论上区分了"民族主义"(Nationalism)和"爱国主义"(Patriotism)(按:宇野有点儿怀疑,在日本语言中"爱国"含义往往是混杂的,是否真的能够清晰区分?)。将基面说,Patriotism 和 Nationalism 语源是有区别的。前者是建设好的政治共同体的必要条件,他引西塞罗(Marcus Tullius Cicero,前106—前43)的话说,有市民的祖国,有自然的祖国,而市民的祖国比自然的祖国更重要。他解释说,所谓市民的祖国是依据法律形成共同体的祖国,它必须有共和主义的政治价值,以及实现这种价值的政治制度;而自然的祖国

---

[1] 来自英国记者大卫·古德哈特(David Goddhart)。在分析"脱欧"时,他认为英国人存在两派:Somewhere 派重视安全、传统、家庭等,生活和工作都扎根于社区,对变化持谨慎态度,从群体而非个人那里寻求自己的身份/认同;Anywhere 派则更有适应性,更加灵活,更强调自力更生,专注于自己的成就。

只是生育我们的，祖先世代居住的，父母所在的，有乡愁的那个地方。显然，他的意思是，市民的祖国，是建立在政治制度和政治价值基础上的国家认同，它对应的是爱国主义；而自然的祖国，是建立在血缘和地域基础上的，对应的是民族主义。由于前者之互相联系是普遍的政治价值和制度，所以容易朝向温和的取向。但同时他也承认，这种爱国主义在现代社会不一定占主流，所以，他在《爱国的构造》中，特意对它进行研究和阐述。

在后面相当长的对谈中，他们讨论了"爱国心"与"忠诚心"，讨论了爱国中的"批判的"和"亡命的"，讨论了如何在个人内心理解"爱国"。将基面同意，所谓"爱国主义"，必须追问它为什么忠诚，对什么忠诚。如果是基于理解和价值，那么，就像基督教为神献身一样，也有为国而死的意义，毕竟人不是个体存在而是群体存在。这个对谈很长很长，占了两整版，我没有看完将基面教授的那两本书。不过我隐约感觉，这两本书的出版，恰恰和现在世界上"逆向全球化"，也就是"国家利益"的重新抬头有关。最近这些年，人们越来越注意到，20世纪90年代之后，原来想象中的全球化、互联网、市场贸易和"普世价值"等，并没有真的淡化国家的存在，"历史没有终结"，相反，在某种特别的政治意识和政治制度的保护下,它们助长了国家的崛起,使得"超越国境"更加艰难。毫无疑问,当今世界各国都面临着普遍价值和国族价值,全球优先还是国家优先,文化是特殊的还是共通的,以及有关"认同"的问题。无论是英国的"脱欧"、欧洲的"难民"、美国特朗普时代的"美国优先"和建立高墙,还是土耳其埃尔多安的变化、伊斯兰的政教合一与全球民主自由政治的冲突,最终都会促使学术界和思想界重新开始认识"国家"和"认同"。前段时间读过的福山近年著作,其实就呈现了这个趋向。

刚好就在今天,日本互联网上激烈讨论的话题即所谓"反日势力",也许,刚好就涉及这个棘手的难题。今天东京大学宣布,解聘一个副教授大泽昇平,据说,他本来是东大最年轻的副教授,原来聘期要到令和六年,而提前解聘的理由就是他的极端言论。他宣称"绝不聘用中国人",攻击我们熟悉的东洋文化研究所是在某些特定国家的支配之下,并且还无端攻击其他的教授。我不是很清楚此事原委,但看到东大校方发布的正式消息,显然东京大学觉得,一个大学绝不能触碰"政治正确"的底线,解聘大泽,是基于社会责任,更是为了制止这类事情再发生,促使全体教职员彻底遵守伦理规范。

但有意思的是，我看到网络上日本人对东京大学却非议很多，那么，这是极端的地域的"民族主义"，还是将基面教授所说的"爱国主义"？

2020.1.18

读渡边浩《托克维尔与三个革命》

读两天前渡边浩送给我的《托克维尔与三个革命：法国（1789— ）、日本（1867— ）和中国（1911— ）》[1]一文。

渡边浩引述托克维尔（1805—1859）《论美国的民主》说，托克维尔所说的"民主"，对立面不是"君主制"，而是"专制"，于是"民主"既不是多数民众的统治，不是人民的自治，也不是基于自由选举的议会政治，而是没有贵族的平等社会。可是，要达成这种平等社会，托克维尔觉得，常常要经历一个"众生平等，却服从一人王权"（也就是社会民主在先，政治民主在后）的过程，特别是美国之外各国的民主进程。渡边浩讨论了法国、日本、中国的历史与社会差异之后，得出的结论是：

---

[1] 收入三浦信孝、福井宪彦编：《フランス革命と明治维新》，白水社，2019年版，第121—162页。

当时的法国，社会是贵族制的，政治形式是绝对王权。因此，在追求社会民主化的同时，还要追求政治的民主化，即社会与政治的同时变革。但这是很不容易的。因为里面的利害关系错综复杂，革命引起了双重的抵抗。结果是，1789年以后，法国经历了长久的"之"字形的历史。日本呢？社会是贵族制的，政治是联邦制的，有学者把它叫作"德川合众国"。而且这一联邦的最高点，形式上有两个（天皇与将军）。所以，明治维新在形式上，是把两个最高点变成一个（大政归还），而同时破坏了联邦制（撤藩置县），实现了中央集权化，顺便也废除了身份世袭制，推动了社会的民主化，此后才能逐渐推进政治上的民主化。至于中国，社会本来就是民主化的，而政治上，远远超过法国的绝对王权，早就是（政治的和行政的）中央集权性质的专制。因此，（晚清时代）在这个民主性社会中生活的人们，出于政治上的不满，对由西太后长久垂帘听政而皇帝缺席的政治体制进行了破坏和革命，要求建设形式上没有皇帝的新政治体制。可是，由于日本等外国的干涉和侵略，这一建设很长时间不能进行……（第152—153页）

我似乎有些疑问,下次要和渡边浩聊聊。我觉得,有关中国,必须考虑以下几个因素:

一、所谓社会的"民主",在传统中国真的是这样吗?大概只是少数士大夫与皇权合作,迫使皇帝"与士大夫治天下",以及局部有地方士绅的社会治理。历史研究中有不少例证。如田余庆先生《东晋门阀制度》论"王与马共天下"只是中国历史上的"非常态";余英时先生论宋代到明代为何要从"得君行道"转变到"觉民行道";明清时代的《大诰》《圣谕六条》与乡规乡约对地方社会的控制和制约;又,所谓"皇权不下县"恐怕乃是误读,近年来已经多有研究。思想上,从王安石的"不许异论相搅"到清代的文字狱等,都可以说明传统中国社会未必"民主"。

二、科举考试造成的"阶层流动"及其争议。究竟科举制是否可以看成是社会的民主?我以为需要考虑科举的范围以及它产生的士绅阶层。传统时代的科举,其实是有家族性延续的。究竟科举成功者的家庭与家族因素如何分析?似乎范围不能看得太大。可以参考美国学者韩明士、艾尔曼与何炳棣关于科举造成社会流动的分歧,顾炎武的科举观念与批判,以及潘光旦对于明清嘉兴家族与科举的看法。究竟中国传统社会,有多少人可以搭上科举直通车?

三、辛亥革命时代,革命党与知识界对专制和民主的关注,远少于对民族革命、维护统一和抵御外寇的关注。即使建立了亚洲第一个"共和"之国,但他们对民主并没有深刻理解。因此,1911年的辛亥革命,其动力并非来自社会民主产生的民众愿望,其动机虽然是推翻清王朝,但并非实现政治民主化。因此,为了国家利益,后来的国民党推动的党国训政(一个国家一个领袖),其实从传统上看,也都延续了政治上的专制皇权,并没有真正实现政治民主化。

2020.1.20

不忍池的鸟类

电视新闻报道,这几天日本共产党召开代表大会,是十六年来首次重新确定路线。日共最近拒绝了政府的政党补贴,成为唯一拒绝补贴的政党,看上去仍很清廉的样子,这让我想起1994年见过的奈良共产党市议员。不过,这次在东京街头看到的共产党宣传,开宣传车和发宣传品的却都已经是老人,能否维持下去实在很难说。也许,他们也要新陈代谢了。这一次选出的新领袖是女性,名叫田村智子,似乎也是个议员。

天气非常好,空气虽冷冽却清新,太阳明晃晃的,煞是耀眼。围着不忍池走了一大圈,其实也不过半小时(三千多步)而已。看到池边好多鸟,对着鸟儿看路边的介绍牌,原来光是鸭子,这里就有簇绒鸭(tufted duck)、红头潜鸭(pochard)、针尾鸭(pintail)、琵嘴鸭(shoveler)、野鸭(或水凫,widgeon),再加上数量更大的白鸥、鸽子,以及一种体形较大、浑身漆黑的鸬鹚（great cormorant）。它们或歇息，或低飞，或在水中自由自在地游弋，大都不怎么怕人，即所谓"鸥鸟自来亲人"的意思。池边矗立着一座不锈钢的雕塑，名为"鸟たちの時間"（鸟儿们的时间），是 2010 年建造的，大概是让游人不要惊扰鸟儿的意思。

不忍池北边宽永寺的弁天堂，已经摆开了好多卖各种东西的小摊，有卖假古董的、卖点心的，也有卖衣服的。在弁天堂寺庙楼阁的一侧，好多游客留下绘马。这里的绘马有两种，一种与其他神社的差不多，是梯形扇面状，还有一种做成葫芦状，可以把好多人的心愿写在上面。我也看到好些中文留言，有的希望把被抢的房子夺回来，有的想在三十三岁之前找到男友，心态也真是够实用的。

回到住处，看汤岛天满宫的梅树已初现花苞。这里的白梅很有名，每年都有白梅祭，今年大概又会是人山人海。

《鸟儿们的时间》

2020.1.22

参观根津美术馆

根津美术馆由隈研吾设计,不仅展览不错,院落也很精美。

乘千代田线到表参道。这里据说是上流人士的居住区,有很多现代建筑,也有很多名牌商店,像卖名牌包包的普拉达(Prada)和黄进兴兄最爱的点心店Yoku Moku。根津美术馆进门的参道就很惊艳,前头是石船和石灯笼,后面是一长排竹林,夹峙着长长的甬道,给人深邃幽冥的感觉。门票1100日元,而且没有老人优惠,但看过之后觉得很值得。

庭院可是真好,绿树成荫,深水静流,既有自然山水的疏放,也有日本园林的精致,还到处可见有年头的石雕随意安放,最早如平安时代或镰仓时代的佛像,朝鲜李朝的石门柱和石侍者,中国明朝的佛教雕像,江户以及江户之前的石灯笼,等等。这些古代艺术品在这里露天搁着,

根津美术馆庭院内随处可见的石雕佛像

也许是在不显山不露水地显示这个美术馆的有意奢侈。此次美术馆的特别陈列中,我对他们巧立名目设计的"对"并不感兴趣——所谓的"对"就是一对或三五个成组的书画或瓷瓶之类。其实,成双成对的屏风、滚动条画或瓷器之类,并无特别的意味。只有江户时代的一对屏风,一个是漫天樱花,一个是满山枫叶,主题性地呈现日本春天与秋天的两大美景,色彩对比相当强烈和醒目。

倒是大厅里陈列的中古中国的佛像,看上去很震撼。从北魏到唐代,有天龙山的两尊力士,以及若干佛陀与菩萨头像。其中,一尊高约四米的北齐白色大理石佛像,圆润而精致,是平常很少见的,至少也是我少见多怪。另外,馆里常设的中国古代青铜器展,虽然基本上没有带铭文的青铜器,但其中名列日本重要文化财的展品还是相当多,各种形制的青铜器,有盉、卣、尊、爵等。其中,最有名的当然是那座双羊尊,据说,除了大英博物馆也藏有一尊之外,没有第三尊,是日本的"国宝",所以根津美术馆的门票,就是用它作为标志。

这让我想起巴黎吉美博物馆的虎食人卣,据说和日本京都藤井有邻馆的那一尊是"唯二",也是日本的国宝。

根津美术馆入门处长廊

2020.1.27

又到麟祥院

去东大旁边的麟祥院与小川隆见面，今天他要给佛教僧侣讲课。他带我们先是与麟祥院的住持矢野宗钦见面，矢野看上去很年轻，据小川隆介绍，日本禅宗有很多这种寺下之院，住持往往世袭，临济宗的私家寺院住持地位很高，与一般和尚等级不可同日而语。因为我们是中国客人，矢野送我一册谭璐美著的《帝都东京与中国革命》，其中有关于1923年关东大地震时麟祥院与中国留学生及日华学会关系的记载。

不一会儿，镰仓圆觉寺住持（管长）横田南岭来了，小川介绍说，他是筑波大学毕业的，三十年前就参加了禅修，之后成为僧侣，现在不过五十几岁。我们借助小川隆的翻译交谈了一下，他很热情，邀请我们周四去镰仓时和他一起吃乌冬面，并且提出会带领我们参观。我们当时就和小川隆商量好，30日早八点在本乡三丁目丸之内站前集合去镰仓。此外，著名出版社春秋社的社长（取缔役）佐藤清靖先生也来了，他过去是在东京大学学的法语，法国哲学家福柯（1926—1984）来日本时，他曾经带福柯去见临济宗禅僧。最后到来的，是来自爱媛县大乘寺的河野彻山（宗般），他带来新出的一期《禅文化》，也送了我们一册，上面有横田南岭和他的文章。

这里五点天就黑尽了，因为日本经度比中国偏东，有一小时时差。

东京麟祥院门口"海东法窟"匾额

2020.1.30

镰仓之行

  天气好极了,从太平洋吹来的风,像极了山中的春风。早上与驹泽大学教授小川隆在本乡三丁目集合,到东京站换乘横须贺 JR,一小时就到了北镰仓,去拜观圆觉寺和建长寺。

  我们到得早,先去圆觉寺对面的东庆寺。日本的寺院分派系也分本末,名堂多得很。这个寺院也属于临济宗圆觉寺派,虽然不大,却极清幽。竹林与古木之中,有一条小径,通往半山,让人想起唐代常建的诗句"曲径通幽处,禅房花木深"。走了百余米,便是释宗演(1860—1919)、铃木大拙(1870—1966)和西田几多郎(1870—1945)等人的墓地,也是学问家和辻哲郎(1889—1960)和出版家岩波茂雄(1881—1946)的归葬处。

  这些都是日本的名人。不过日本好像并不太像法国,2015 年我们去过巴黎的蒙帕纳斯墓园,那里下葬的很多名人，像作家莫泊桑、波德莱尔，学者萨特、涂尔干，数学家庞加莱，在墓园入口处，都有明确的示意图，一一标识，目的是让人瞻仰祭拜。日本却很低调，很多墓地是家族的，并不突出供奉家族中的哪个名人，像和辻哲郎和岩波茂雄，都是下葬在家族性的墓地。如果没有小川隆指引，我们根本找不到，因为这里没有指引牌或引导图。不过，东庆寺的墓地中，显然下葬的都是重要人物或显赫家族，所以大多墓地都宽敞整洁。其中，号称"世界禅者"的铃木大拙墓前有很多鲜花，大概是最受尊崇的人，或是与东庆寺最有缘分的人？他晚年建立的松之冈文库也在东庆寺背后的山上，我认识的石井修道教授，现在就是这个文库的负责人。一条山道蜿蜒曲折地通向山上，据说，铃木大拙九十高龄的时候，还能爬这一百多级石阶，上到文库去看书。

据小川说，这个寺院的住持虽是私家子弟而且是世袭的，但他也是圆觉寺住持横田南岭的学生。由于事先得到横田的指示，所以东庆寺特意为我们的来访做了准备，把释宗演亲笔画的《达摩像》和他的老师今北洪川的书法，在禅堂挂出来让我们观赏。想当年，释宗演在世界各处游走，两赴美国，一往中国，真是日本禅宗走向世界的先驱，而他的学生铃木大拙用英文写作，影响了西方世界一代禅

东庆寺内铃木大拙墓地

宗信仰者。从今北洪川、释宗演到铃木大拙，不仅光大了圆觉寺的传统，还使得西方现在还把"禅"叫作日语的"Zen"而不是汉语的"Chan"。对比日本明治大正和中国晚清民初，总是让人平添很多感慨。

从东庆寺走到圆觉寺。刚刚进得三门，气派便顿时不同。这是禅宗临济宗圆觉寺派的大本山，也是当年镰仓五山第二位的禅寺，由从南宋中国渡海过来的禅师无学祖元（1226—1286）开创。据说，另一位从中国来的禅师，开创镰仓禅宗建长寺的兰溪道隆（1213—1278）圆寂后，当时日本的幕府将军北条时宗曾写信请求禅僧"莫惮鲸波险阻"，向南宋寻求后继的"俊杰禅伯"（至今北条给两禅师的这封信还留存着）。于是在1279年也就是蒙古第一次袭来后的第五年，无学祖元来到日本，先是继承兰溪道隆当了建长寺第五代祖师，1282年即蒙古第二次入侵日本之后，为了悼念战死者，在北条时宗家庙基础上建立圆觉寺，他又当了圆觉寺的掌门人。这个寺院至今已经有七八百年历史。一位年轻僧人水野在三门迎接我们，引我们先到背后的山上，眺望天边的富士山，白雪覆盖，确实是漂亮极了，难怪当年朝鲜通信使路过，总是对这座山有特别的记载。

水野特意带我们参观从不对公众开放的舍利殿，这是

从镰仓圆觉寺眺望富士山

日本的国宝,始建于弘安八年(1285),也就是中国元代初期。里面真是古朴极了,建筑全部是木榫卯结构。从外面看仿佛是两层,在里面看却只有一层。因为供奉了无学祖元携来的佛舍利,所以叫"舍利殿"。这种木建筑,有着不加任何糅饰的朴素,却显出特别的古老和典雅,比起金碧辉煌红墙黄瓦的建筑,似乎多一分历史沧桑感。据水野说,过去修行僧要在这里坐禅,但现在改在禅堂打坐。看看禅堂里,两排榻榻米铺成的"炕",可容纳三四十人,每个铺位顶上是放被褥的顶箱。水野看我们对禅僧日常生活有兴趣,还带我们参观了厨房。寺院厨房干净异常。值得赞叹的是,至今他们仍然用山上的木柴和传统的铁锅做饭。水野掀开铁锅的锅盖,里面还有热气,灶里还有余炭。

圆觉寺管长也就是住持横田南岭,五十五岁左右,亭亭然有大师气象,说话声音洪亮。他的住处就是当年铃木大拙下榻处,山谷环抱的两栋别墅前,是一池清水与如茵草坪。中午,他客气地请我们在这里吃乌冬面套餐,有执事僧人恭恭敬敬端上餐盒,感觉乌冬面和糯米团的味道相当好,似乎不是外面随便购买来的。午餐间,和他聊了一下中日佛教在政教关系上的差异,中国佛寺的经济状况,以及释宗演、铃木大拙的话题。

午餐之后到建长寺。建长寺号称镰仓五山第一山，是前面说到的南宋僧人兰溪道隆创建，比圆觉寺还早二十年左右。其中，寺前三门尤其气势不凡，让我想起天童寺千佛阁南宋重修，日本僧人赠送大木材的旧事。大概，当年的佛寺都重视三门，不像现在中国的佛寺，三门仿佛只是围墙上开一个出入口，最多只是供着四大天王，以及正面弥勒背面韦陀。按照佛教说法，三门乃是解脱和超越的三重关隘，所以唐宋佛寺三门都壮观高大。或许日本就是继承的这种传统？像京都的建仁寺、南禅寺，高大的三门都是最重要的建筑。建长寺的三门也是日本国家指定的重要文化财产，轻易不让人上去，游客更是无缘入内，然而有横田的关照，今天特意破例让我们上去。木制的楼梯极为陡峭，爬上颇不易，但因为难得一见，所以只好手脚并用，努力攀登上去。三门的楼上，藏有江户时代铸造的青铜五百罗汉，虽然不大但千姿百态，或妩媚，或威严，或庄重，或滑稽。从三门上方俯瞰，整个建长寺及下面的国宝洪钟，尽在眼中。镰仓树木葱茏，即使在冬天也是满眼绿色，看建长寺四周山峦起伏环抱，与在地下看寺院不同，真是别有风景。下了三门后，两位建长寺僧人带我们去拜观西来庵。西来庵也是禅僧修行处，轻易不让游客参观。庵内院落中有七八百年的古柏，大概有三人合抱那么粗。

建长寺西来庵内古树

赵州和尚当年的禅机一问"庭前柏树子",大概就是指的这种柏树?

值得一记的是,在镰仓市鹤冈八幡宫,陪同我们的水野劝我们抽个签,测测吉凶,不料我们抽到的都是"凶"。事后想想,大概是预言了我们将在日本遭遇疫情?

对于镰仓,原来我们并不很清楚为何这里如此受游客青睐。原来,这里不光有山有寺,还有大海。我们驱车仅仅几分钟,就穿越了镰仓的主要街道,到了海边。这是和箱根、伊豆对望的海岸,黑色沙砾的沙滩颇宽广,远处隐隐约约有几处山峦在海平面上起伏。海上风大浪大,但冲浪的帆船依然不少,天上有两只老鹰在空中一时盘旋一时停留,迎着海风与夕阳,顿时体会到镰仓的妙处。

戴燕说,很多人不知道镰仓的好处,所以,不能理解当年小说家高桥和巳[1]为什么会躲到镰仓来写作,这样的地方显然能刺激作家的灵感。

---

[1] 高桥和巳(1931—1971),日本小说家、中国文学学者,著有《悲之器》等。关于高桥的生平,详见戴燕:《遇见高桥和巳》,《读书》2011年第11期。

镰仓国宝馆前

二月

2020.2.1

读平野聪《清帝国与西藏问题》

平野聪现在是东京大学法学政治学研究科教授，专攻中国政治外交史。《清帝国与西藏问题》（《清帝国とチベット問題》，名古屋大学出版会，2004年版）是他的早期代表作，2004年出版，那时作者才三十四岁。

在"序章"中，平野聪从热河（依据朴趾源《热河日记》，乾隆四十五年，清朝在热河修普陀宗乘之庙，乾隆高规格接待班禅，以及为此与朝鲜使臣在礼仪上发生冲突）、北京（1910年，隆福寺与隆善寺被作为商业市场引起僧侣抗议，寺院被毁）、拉萨（1910年，赵尔丰率军入藏，冲击了西藏的佛教与文化，引发藏传佛教的抗议）以及蒙古（清末喀尔喀蒙古背靠俄国，只是从藏传佛教信仰者的角度，承认自己与清朝皇帝的关系，而不承认蒙古与中华帝国的关系）发生的四个事件出发，陈述他的几个论点：

一、至少在西藏和蒙古的佛教徒看来，清朝皇帝是尊奉藏传佛教，并使之隆盛的一个存在，因此，西藏和蒙古的佛教徒，把清朝皇帝作为佛教徒来尊敬，并接受他的权威。

二、西藏佛教在典礼上祈祷大清帝国之安宁的同时，多数人都把大清帝国作为帝国，承认它是导致藏传佛教隆盛的权力所在，同时在正统化的意味上，也把藏传佛教视为大清帝国的"国教"。因此，他们可以接受这样的观念，即在念诵经典的同时，也祈愿帝国的繁荣。

三、由于藏传佛教是"国教"，清朝皇帝和帝国精英都对藏传佛教及高僧表示恭敬，这是符合"礼"之规范的，即使对尊奉朱子学的朝鲜使臣也是如此。帝国不允许异论存在，这一点应当是帝国的基本原理。

四、大清帝国权力中枢的这种认识，是作为藏传佛教共同信仰者的藏人、蒙古人所共有的，并且形塑了大清帝国和藏传佛教共同的基础和缠绕的构造。

五、然而到了清末，在帝国权力中心，这种观念逐渐淡漠，完全漠视佛教的官僚的破坏行为开始普遍化，不仅如此，辛亥革命之后的中华民国提倡的某些国家概念，在西藏和蒙古看来，并没有把自己包含在内。（第14—15页）

平野聪认为，这就是出现认同问题的原因之一。在一个世纪以后，我们不能用现在的"国民"身份同质化的眼光,来看待那个时代的帝国状况。

在这一基础上,平野聪说明了他在这部书中的"视角与结构",即如何在历史中把握"前现代帝国"。他觉得,全球化时代出现的国家统合问题和民族问题,在历史上都与帝国遗产相关。在书中,他评论了日本学界两种有关"帝国"的理解思路:一种思路是重视帝国这一机制内部本身包含的"压抑"(如山内昌之对俄罗斯帝国的研究),认为一旦从传统帝国到民族国家,令人憎恶的帝国消失,事态就会向好的方向转化,因此,"(中国)是世界最后的帝国能否续命的试金石"(第18页);另一种思路是把这些问题归咎于世界帝国统治系统本身具备的柔软性的消失(铃木董对奥斯曼帝国、毛里和子对中国的研究),认为俄罗斯、奥斯曼、大清帝国原本就有"柔软的专制"或"多样性的调和",所以维持了长期的和平存在。但是平野聪批评说,前者忽略了帝国内部不仅有"压抑",而且有"优待",这种"优待"反而刺激了各个族群自我意识的觉醒,以及独立意识的冒头;后者则忽略了帝国本身也有政治与文化同质化的要求,特别是在现代国家转型过程中,国民国家体系的引进,导致各个族群的地域里出现了社会改造和宗教破坏,也在一定程度上刺激了族群意识和独立倾向。他认为,从大清帝国(特别是它与西藏、蒙古的关系)的角度看,毋宁说,这是它向近代国民国家转型之前,特定历史时期的帝国体制和秩序意识,在一定程度上作为"民族主义原型",即使对外部世界也带有"强制力"的结构形态造成的。那么,这个"民族主义原型"整体观应当是怎样的呢?这就要从清朝"盛世"到清末"衰世"之间的历史背景来探查,同时,也要把它与其他前现代的世界帝国进行比较。

平野聪是20世纪70年代生的学者。这本书正是他刚刚走进学术世界时的代表作,也是在他的法学博士学位论文《皇清的大一统与西藏问题》基础上修订而成的。在"后记"中,他感慨地记叙了自己在20世纪80年代后期的思想历程:一方面是看到高唱自由与人权的国家权力如何侵害人权,驻日美国军机起降的噪声如何刺激和影响他;一方面是"冷战"结束、中国改革开放、亚洲新兴工业国家崛起背后的民族问题与贫困问题,使他看到了世界的复杂性。

这本书共分为五章,标题依次是:"中华世界"与清帝国——批判的再检讨;清帝国统合中的反华夷思想与文化政策;超越尧舜的皇清大一统——它的明暗两面;"自治"论的时代——19世纪的西藏论;英国认识与西藏认识之间。

2020.2.3

读桃木至朗编《海域亚洲史研究入门》

读桃木至朗编《海域亚洲史研究入门》(《海域アジア史研究入門》,岩波书店,2008年版)。

在"总论:海域亚洲史的可能性"中,编者(桃木至朗、山内晋次、藤田加代子、莲田隆志)坦陈历史研究的三大变化对他们的影响,这三大变化是:(一)社会史、性别史、环境史成为新领域;(二)重新检讨一国史与国民国家史观,以及欧洲中心主义;(三)超越对于文献史料"客观史实"的朴素信赖。其中第二点变化的影响尤其巨大。同时,他们也说,这是受布罗代尔"地中海"研究的刺激。1999年日本学者川胜平太翻译了布罗代尔的《地中海与菲利普二世时代的地中海世界》,此书把狭义的欧洲史放在海洋史背景下观察,于是他们也开始思考把亚洲史放在海洋背景下研究的可能性。事实上,20世纪90年代到21世纪初,日本有若干重要的研究项目,都与此相关,把注意力转移到贸易史、外交史、社会史、文化史和地域史领域,开始改变日本的历史研究面貌。

改变表现在四个方面:首先,它与"中央欧亚史"一样,把复数的地域和世界视为历史研究的对象,不仅提升了语言学在历史研究中的重要性,而且刺激了广泛思考不同世界的想象力;其次,它打破了前现代各个地区互相孤立、自给自足的"停滞论",为此后发展出各种各样的"近代"提供了特别的历史,也培养了不少与欧洲史相同的亚洲史的专家;再次,对日本史来说,它改变了以前日本史学者的"一国史",也就是以日本作为观察立场的"对外关系史";最后,他们也指出,这种海域亚洲史也反对回归东方主义、凸显某个地区的重要性和中心意味,而是注意到东南亚、虾夷、琉球等边缘地域作为不可或缺的构成要素。

在此书中,编者特别强调,"海域亚洲史"和"亚洲海域史"是有根本差别的。怎么说?他们指出,后者还是从"亚洲"这个来自欧洲的地理概念出发,来观察东部海洋,而前者凸显了"海域"本身,以海域作为历史世界的联系性。因此他们说,他们的"海域亚洲史"有三个"主战场":第一,刷新"自国史",迈向"对外关系史""海上进出史";第二,刷新"东洋史""东西交涉史",迈向"大航海时代史";第三,刷新"近代史像",迈向"世界体系"和"亚洲贸易圈"。

这当然是一个野心勃勃的历史研究计划,也相当有刺激性。但是,我总觉得似乎还有一些需要补充和思考的问题。比如,当学者们注意到"海域亚洲"的时候,它是否主要偏向商品贸易、物质文化和移民状况(如陶瓷、海产、造船、航海神、漂流人),而相对忽略了朝贡体系以及陆地亚洲(政治影响和军事征服)?会不会导致研究重心从一个偏向转到另一个偏向?又比如,书中较少讨论文化传播与交流中的一些问题:印度教、佛教、儒家以及后来的基督教的交错,如何影响东南亚,以及渐渐影响东北亚?伊斯兰教在东南亚和南亚的影响,如何改变海域亚洲的文化结构?再比如,由于要考虑这些政治和宗教的因素,王朝、帝国和国家的意义就出现了,海域亚洲固然可以连成一个历史世界,但是这个历史世界里面,是否也要考虑"国家"这个因素?

其实,"各有各的现代"这一观念背后,就呈现了"国家"以及不同国家政治、制度与文化的影响。

2020.2.4

在东京大学高等研究所的第一次报告

下午,去东京大学本部栋参加有关 identity(身份/认同)的讨论,由羽田正教授和我分别报告日本与中国对 identity 的认识。这算是我的第一次工作。

羽田正讲了二十分钟,我也讲了二十分钟。我讲的内容包括:(一)中国学界从什么时候开始,以及如何翻译和理解 identity?(二)近代中国的"认同"基础为什么有三次变化,对历史、国家与民族的认同有什么特别之处?(三)为什么近代中国在建立"认同"方面遇到如此多的难题?(四)在认同与爱国之间,什么样的关系才是合理和健康的?因为张厚泉教授事先给我的报告提纲作了日文翻译,所以,我简单报告之后,就听大家讨论。

参加者除了我和羽田正之外,还有张厚泉、王雯璐两名中国学者,图宾根大学的萨博(Viktoria Eschbach-Szabo)教授和东大的博士后寺田(研究波斯),以及一名助理研究员和一名博士后（均为西洋人）。开始后不久，驹场的石井刚教授也来了。讨论的话题涉及民族、国家等，一直到傍晚五点多才结束。

这次研讨会（seminar）让我想到的是，在现代国际秩序和民族国家形成过程中，有三个方面都在接受挑战：一是，新崛起的现代强国如何接受国家平等的原则，公平对待其他国家、民族与文化，不至于弱肉强食成为帝国主义与殖民主义；二是，传统帝国如何容纳并消化帝国时代的疆域、族群与文化遗产，用合理制度保证国民认同，转型为现代国家；三是，原来的附属国和殖民地如何接受新的平等身份，淡化因为屈辱的历史记忆引发的民族主义/国家主义。

2020.2.5

烦闷中,乱翻书

从国内传来的消息,仍然让人焦虑不安,新冠病毒流行似乎没有被遏制的趋势。而且日本的情况也不妙,来横滨的邮轮上的三千七百人中,又有十例人传人的迹象。

到研究室读韩国学者张东翼的《蒙古帝国时期的东北亚》(《モンゴル帝国期の北東アジア》,汲古书院,2016年版)。以前读过他的论文,对他发掘和解读蒙古时代有关日本的若干史料很有印象,但似乎这本书的主要价值在于史料发掘以及分析的视野和方法上,尚无太大的改变。

又翻了翻村井章介的《超越国境——东亚海域世界的中世纪》(《国境を超えて——東アジア海域世界の中世》,校仓书房,1997年版)。村井是日本著名学者,这部文集的内容比较杂,但有的论文很有意思;其中,他说到"软的国境和硬的国境"时,曾把机场、海关的设置用作为另类"软"的"国境",倒是异想天开的比喻。

下午五点，去安田讲堂听了萨博教授的演讲《日语作为学术语言》。听众来得不少，同声传译是英译日，译者的语速极快，好多都没听懂。和萨博教授对谈的，是东京大学的一位日语史教授，他在谈话中表示，作为日语史学者，特别希望有简易的日文能使世界其他国家的人迅速学会日语，而不是死死地守住日语传统的语法和风格。这倒是开明正确的想法。

2020.2.6

读冈本隆司《中国之诞生》

读冈本隆司《中国之诞生》(《中国の誕生——東アジアの近代外交と国家形成》，名古屋大学出版会，2017年版)。这部书他早就寄给我了，可是直到这次来日本才有时间细读。

他在"绪论"中，劈头一句就是"何为中国？这个问题恐怕是永远的谜"（第1页），然后介绍了研究思路与方法，即"从对外关系的角度，说明清朝体制到现代国家成立的转换过程，这是我的目的。为此，将着眼于与对外关系相关的汉语概念，即'朝贡''互市''藩部''属国''领土''主权'"（第13页）。我总觉得，他是用"概念史"与"制度史"结合的方式，在近代国际关系背景中，讨论"中国"从传统到现代的转型。

其中，第一部《危机の時代へ》，先从各种文献（如《康熙会典》《雍正会典》《一统志》等）考察清代对外关系与自我认知的转变，以"朝贡""互市""藩部"等概念，对此进行基本的考察和定位；然后，讨论明治日本的登场，比如台湾与琉球问题，如何动摇了这一概念体系。特别是考察了有关"属国"的地位问题如何成为左右清朝对外秩序的焦点；接着再以新疆问题为例，讨论清朝在海防与塞防之间的争论以及影响，讨论过去朝贡体系中"属国"地位的变迁。第二部下册第四章"ヴェトナムをめぐる清仏交渉とその変容"，以19世纪80年代"越南"以及中法战争的结果为例，讨论大清的"属国"和"保护"之变化，签订《中法条约》如何造成过去以清朝为中心的国际秩序和国家认识的崩溃；第三部"自主から独立へ"，又以朝鲜问题为例，讨论19世纪末的朝鲜如何"中立化"，从朝贡国即"属国"位置上脱离，也仔细论述了《清韩论》《使韩纪略》这两份文献，以及日本在中间起的作用。然后，他论述了甲午战争之后，作为中国最重要藩属国的朝鲜的自立，中朝两国重新以"条约"确立关系，以及北方"露蒙协议"（俄蒙）的签订，使得过去无边帝国的宗主国控制权，逐渐形成确定的"领土主权"。从这里开始，他进一步讨论了现代中国的"领土""主权"等概念的形成。

这也是一个"从周边看中国"的思路。按照冈本的分析，明代中国把世界分为两类，一类是心向天朝的"属国",另一类是北虏南倭之类的"夷狄"。但是在清朝,中华帝国原本的对外关系,逐渐分成三个部分,在近代转型中这三个部分也在逐渐转化:第一个部分是"属国",即朝贡圈内的朝贡国,包括朝鲜、琉球、越南、暹罗、苏禄、缅甸、南掌,这些属国在近代逐渐丧失,成为自主的"外国";第二个部分是"藩部",包括新疆、西藏、内外蒙古,这些地方在近代逐渐成为中国的"领土";第三个部分是总理衙门管辖的"互市诸国",这些国家本来就不是附属国,在近代中国的形成中,始终是主权不相统属的海外诸国。这三部分在《清史稿》中,被分别归入"属国传""藩部传"和"邦交志"。在分析"属国""藩部""朝贡""互市""领土""主权"这些概念的历史变迁时,他讨论了清朝制度史上的被动调整和逐渐变化,也指出列强(包括日本与西方诸国)在推动这一变化中的作用,更指出这一国际秩序与国家形态的近代转化仍然留下很多未解的问题。在"结论"的最后,他感慨说,"……曾经的藩部和属国,并没有在领土主权的转换中理顺关系和解决问题,它们仍然作为纷争不断显题化……"(第427页)。

这个分析当然是对的,也很精彩。不过,从我个人的角度,也需要指出,冈本在讨论"中国"的时候,始终是采取非常理性和非常现实的方式。他所说的"中国之诞生",是在国家/政府的意义上,即从大清王朝到中华民国以及中华人民共和国的诞生,但是,这还只是一个政治管辖和地理空间的主权单位,而不是一个思想史意义上的政治认同和文化认同对象。如果把其作为既成事实,反过来倒推它在近代的生成过程,从历史学的角度来说,还是会有一点儿问题:

首先,是不是会忽略历史原本具有的多种可能,认为存在即合理,过分强调了历史的必然性?这样就可能放松了对"病根",也就是对意识形态、政治制度和文化思想深层缺陷的追究和检讨。

其次,如果现代的国际秩序与国家形态是每一个国家必须量身定制去适应的(这本身当然有疑问),而中国不得不进入这个国际秩序和完成这种国家转型,那么,是不是传统中华帝国十分艰难和尚不完全的"转型"就是给现代中国带来麻烦的原因?

再次,如果从历史、文化和观念的角度说,在有形的、作为政治单位由政府代表的"中国"之外,还应该有一个无形的、作为文化"认同"对象的历史"中国",那么,这个"中国"的诞生又是如何的呢?

冈本隆司是1965年生人,京都府立大学教授,现在非常活跃，出版著作非常多。2015年在日本记者俱乐部，由辻康吾先生介绍，我和他见过一面，送了我好几本书，那时候他还是副教授。

2020.2.7

和渡边浩再讨论

今天中午去了东天红中餐厅,这是我与渡边浩的第二次见面。他请我们吃了自助餐,在吃饭中闲聊,他说到"圣人是否幸福"的问题(这是他将在儒教学会演讲的题目),从圣人说到日本天皇,以及天皇家族的问题,从天皇家族万世一系说到日本社会的结构,以及大名、大名周围的武士及城下町、村与村民这个等级身份的延续性。渡边浩说,他本人是商人家庭出身,他夫人的家族是武士。他也说到自己在担任东京大学副校长时,曾为来访的阿联酋人讲日本宗教,所以话题又转到日本的信仰问题。我问他,阿拉伯、中国和日本的宗教信仰程度不同,宗教的绝对性不同,这是否与犯罪、道德有必然逻辑联系?

我们都觉得有必要对中日之间的结构性差异进行研究,但究竟什么是结构性差异?我想到的是:一、(中国的)绝对权力皇帝制与(日本的)天皇将军权力双轨制;

二、（中国的）郡县制与（日本的）封建制；三、（中国的）科举制及文人阶层与（日本的）无科举制及武士阶层；四、（中国的）政治阴影下的三教合一与（日本的）相对独立的神佛习合宗教信仰；五、（中国的）上下阶层之伦理同一与（日本的）言文分离、精英与大众之文化分化；六、（中国的）思想、知识与文化的自主传统和独立意识，对寻求整体理解的要求与（日本的）思想、知识和文化的舶来品，对外来文化、知识与思想的接受习惯与实用态度等。

餐厅巨大的玻璃窗，正对着上野最美的风景。从五层楼上俯瞰残冬的不忍池，只见褐黄色的半池枯荷，蔚蓝色的半池湖水，远远露出房顶的红色弁天堂，在阳光下色彩斑斓。饭后穿过不忍池，跟着渡边去参观上野东京科学博物馆后面的日本学士院。学士院是日本最高学术荣誉机构，第一任院长是福泽谕吉，此外还有西周、南原繁等。现在的院士二百人左右，人文社会科学占三分之一弱，约六十人。我们认识的兴膳宏、吉川忠夫、斯波义信、田仲一成都是成员，渡边浩（七十四岁）算是这里面最年轻的。他说，只有自然科学领域的院士比较年轻，如诺贝尔奖获得者山中伸弥（五十七岁）就是最年轻的。

学士院的事务室看到渡边浩来，还招待我们饮了茶，送了我们一堆有关学士院的印刷品。

2020.2.10

在日本的整形外科医院看病

今天早上去本乡三丁目岩井大厦六楼的 M's Clinic 整形外科医院，看一看腰腿痛是怎么回事儿。现在我才知道，日本所谓的"整形"医院和想象的"整容"医院全不相干。最近，我的髋骨部位始终不适。因为我有共济会的保健卡，只需要付百分之三十的费用，所以，一方面是去看病，另一方面也算是去体验日本的医疗服务。

医院不大，人也不多。挂号的人不过三四个，多是老人，大概是来理疗的。我是新病人，需要填一张表，除了必需的个人数据之外，也需要一一说明自己的病状、饮食和药物禁忌、身体状况。然后，有护士拿来短裤和毯子，让我在一间更衣室里换装，因为需要在检查时穿，考虑得相当周到。我们的医院没这么仔细和从容，毕竟中国的病人太多。一个女医生在仔细询问之后，估计我的问题不大，便让我去隔壁拍 X 光片，左右上下四张，数据马上传回。

医生看过片子之后，让我自己上下左右转动一下，并询问我最近是否有外伤。最后她分析说，这一定是自然现象，也就是年纪大了，"第十二节胸椎有陈旧性的压迫性自然损伤"，所以引起神经疼痛。她看我是中国人，怕我听不懂日语解释，还在纸上写了下来，她知道汉字大家都可以认识。

诊断完毕，在治疗室做十分钟的简单电疗。整个过程不过一小时。换好自己的衣服，即去门口缴费。因为我是共济会成员，所以只需要缴费2510日元，包括照片、诊断和治疗，似乎比中国还便宜。医生开了处方药物，但和美国一样，并不在医院取，而是要去外面的药房取。到了药房，又需要填一张表，仔细说明服药的禁忌，然后花了十分钟等候。一共拿了三种药，一是维生素B，一是汉方"牛车肾气丸"，还有一份贴的膏药，总共花费1170日元。

药费与医疗费加起来3680日元，不到人民币三百元，让我很感慨，在医疗上，日本还真是"社会主义"。

2020.2.11

去朱舜水的水户

今天去茨城县的水户（Mito）。

水户是德川家康第十一个儿子的封地，三四百年前，明代遗民朱舜水（1600—1682）到日本之后，先在长崎，后在这里，为水户藩主德川光圀重新制定祭祀孔子的泮宫礼，推动了此地儒家文化的传播，这在历史上是一个很有影响的事件。为了今天的水户拜观，我们昨天下午先到研究室隔壁的东京大学农学部，看了一下"明遗民朱舜水终焉之地"。当然，那只是一根刻了字的石柱而已，其实就连这个石柱，据说也已经挪过了地方。

从东京到水户，JR两个小时。我们先去看弘道馆。从水户站出来，走上一个斜坡，就是当年德川齐昭建立的水户藩学校弘道馆，据介绍它建于1841年，也就是中国鸦片战争的第二年。其实，原来的建筑在二战之末（1945）的空袭中全部毁掉，现在是重建的，但仍被指定为国家重要文化财产——日本对于自己的历史遗迹总是特别"呵护"和"炫耀"。不过,重建时倒是仿照老样子,修旧如旧,精细得很。重修时修了正厅和至善堂。正厅的匾额是"游于艺",用了孔子的话,但表示的却是日本式的文武合一、神儒合一。学生既学习儒家的经典,也学习各种宗教,还学习其他的技艺。日本儒家这一套,可能和早期儒家"六艺"相似,却和后来中国儒家专心于经典学问不同。正厅里面并不特别精彩,倒是外面红红白白的梅花灼灼地开着,很有意思。据说,这里的梅花就是水户一景,可惜的是我们来得早些,梅花只是半开,当然,半开也有半开的意思。

弘道馆是学习的地方,不是供奉圣人的庙堂。因为台北的黄进兴教授对孔庙特别有研究也特别有兴趣,于是我们也特意向人打听孔庙所在。一个中年日本女性热情地带我们去看,原来,重建的孔庙就在弘道馆的背后,与一个叫作鹿野的神社相邻,看上去规模并不大,恐怕不能与过去水户藩祭孔的老地方相比。因为它不对外开放,我们只能在门口,隔着半开的梅树看一看门脸。明代中国文庙祭祀孔子,有盛大的乐舞,根据老朋友比利时的钟鸣旦(Nicolas Standaert)教授的研究,万历年间的宗室朱载堉在《乐律全书》中,曾经对于这些乐舞有过富于创造

东京大学内的朱舜水终焉处纪念石柱

力的阐述和改造。虽然它并未真正在国家祭典上得到实现，但是它却远传到欧洲，引起了耶稣会士法国人钱德明（Joseph Marie Amiot，1718—1793）的注意。最早的一批有关朱载堉的舞蹈图示，曾被收录在1780年法国巴黎出版的书中，而且钱德明还把总数超过1400页的朱载堉祭祀舞蹈图示绘本送到了欧洲。究竟这些整齐有序、规模庞大的国家乐舞以及它背后的儒家含义，对欧洲有什么影响？还需要再研究。

同样是万历年间，明朝官方关于文庙祭祀儒家先祖孔子的乐舞，曾经由一个皈依了天主教的学者李之藻（1565—1630）进行修订。他的《泮宫礼乐疏》前几章讨论乡校（即泮宫）中的圣祠，对于祭器、祭典上的音乐和颂歌都有记载和讨论，而且其中记载了三套、每套三十二个姿势的大夏舞，大概就是被法国人注意的那些东西。然而更有趣，而且与日本水户相关的是，李之藻的这部《泮宫礼乐疏》中记载的乐舞，又在1672年，被朱舜水，那个明清之际流亡日本的遗民，作为基本依据，在水户藩为德川光圀制定祭孔典礼，因而成为后来日本孔庙祭祀乐舞的格局。这倒是一个串联起世界的历史事件，有兴趣的人或许可以从这一文献中，看比较思想文化史。

从弘道馆出来，坐巴士去偕乐园。进了院门，循了

《弘道馆记》

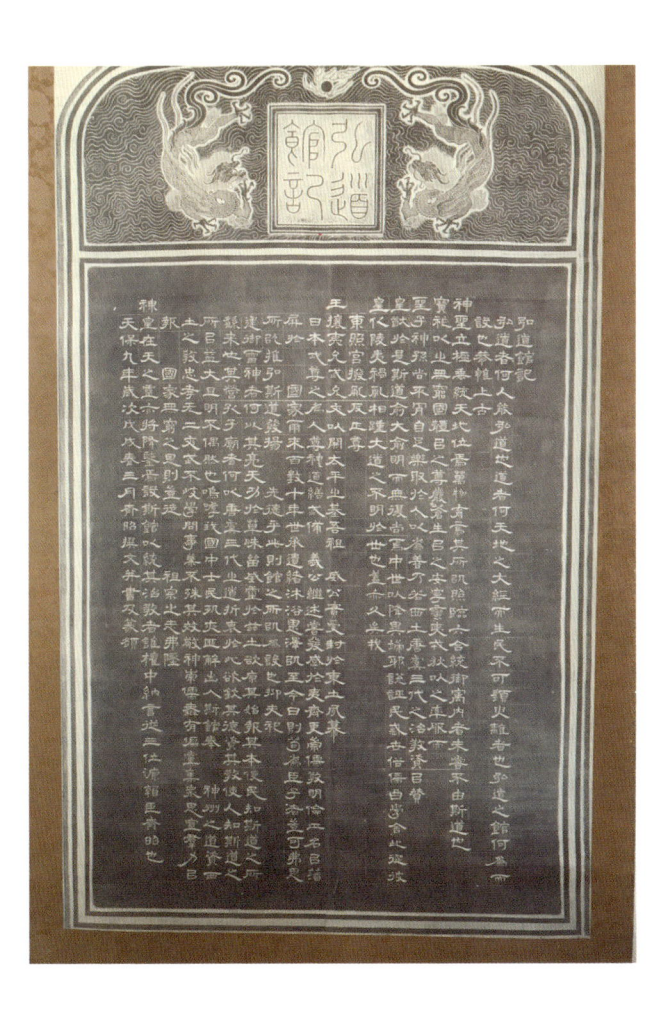

日本人参观顺路的习俗，按图索骥去看好文亭。好文亭也是水户藩主德川齐昭自己设计并建造的，用来邀请文人、家臣和朋友聚会吟诗，算是一个风雅之地。看到这个好文亭，不免多少有一点儿感慨，大概对于风雅和教养的尊崇，日本过去一直就有，甚至连德川幕府的将军，也染上了一些舞文弄墨的习惯。即使到了现代，日本也没有经历过彻底摧毁风雅和教养的时代，那种时时处处引用《古事记》《万叶集》和中国古典来解释事物的传统始终存在，这大概要归功于时时处处的暗示和教育。你只要看看各种园林寺庙神社里的树木花草，往往附有相关诗句标注，就知道风雅传统依旧。就在我下榻处附近的汤岛天满宫，是梅花的名所，梅树上往往就挂有"月影""浮云"之类的标签，让人想起"疏影横斜水清浅，暗香浮动月黄昏"之类的诗句。

好文亭中每一间房屋有梅、桃、樱等不同名目，请了现代画家专门画的屏障画也颇为雅致，但可惜都是后来的作品，因为亭子在战争期间已经被毁掉，让人多少领略一点儿战争的残酷。倒是从好文亭向外看去，风景相当不错，近处是成片的梅林，远处是水天相连的一大片湖面，黄色的草坪和墨绿的树林，在蔚蓝的天空和明亮的阳光下，让人觉得相当爽快。据说，这是日本最大的园林，我们绕着

水户的孔庙

山丘走了一圈，看了看歌诗碑和吐玉泉，这两处并没有太大的意思，倒是巨大的树木和浓密的竹林，让人觉得"如坐幽篁里"。日本的园林，一方面是极力的古拙和朴素，像它的表门，草编的屋顶和古旧的木柱，绝不上色的门扉，据说就是为了凸显"松烟"之色；另一方面是极力的雕饰和精致，像它的松树都被修饰成整齐浑圆的样子，以及梅树枝干被人力扭成盘曲弯绕如虬龙，仿佛龚自珍所说的"病梅"。这是不是象征了日本人性格的两面？我不敢说，但是我觉得"精致的朴素"和"人为的自然"，确实体现了日本的特色。

从偕乐园东门出来，随意看了看附近的常盘神社和忠义馆，便乘坐巴士到水户站，又乘坐JR回东京上野。到达的时候天已经黑尽了，回到住处打开电脑，看到满眼的疫情和烦闷的评论，就像天气一样由晴转阴，不知怎的，忽然想起钱锺书的两句诗："行止归心悬两地，长看异域是家乡。"[1]白天那种澄澈爽快的感觉刹那间烟消云散，马上就陷入深深的忧郁烦闷之中。

电视上，天气播报在说，明天阴有小雨。

1　出自《大千枉存话旧即送返美》。"大千"即钱锺书的清华同学许振德，1949年春离沪赴台前曾与钱有畅叙，后于1988年从美国回来探亲。

2020.2.13

读末木文美士《日本思想史》

今天到研究室,开始读末木文美士寄来的《日本思想史》[1]。

同样是东方的思想史,日本思想史是怎样展开的?日本的思想世界与中国的有什么不同?日本的思想史为什么与中国不同?末木文美士这本薄薄的《日本思想史》,虽然只是小开本的文库本,也只有250页,却是一本理解日本思想很好的入门书。

本书第一章就给出一个很简洁的思想史叙述结构,这使得他书写的日本思想史具有非常清晰的脉络。按照末木文美士的说法,他把"王权"与"神佛"作为日本思想史的两极,并且观察"文化世界"与"生活世界"在这两者紧张关系中的变动,从而构造了日本思想史的基本图式。

---

[1] 所阅为岩波书店2020年版。本书已有简体中文版,由北京大学出版社于2022年出版。

千万不要以为这一图式很简单,实际上,末木文美士教授对日本思想史的把握相当准确。

为什么这么说?可以把"日本思想史"拆解成"日本""思想"和"历史"这三个关键词。首先是"日本"。王权与神佛的对峙、调和与冲突,正是日本(而不是中国)的特色。其次是"思想"。末木文美士指出,传统日本思想有明暗两端:王权是"显"的一面,它在中国传来的儒家思想的影响下,处理世俗的、现实的问题,可以说是政治和伦理思想;而神佛是"冥/幽"的一面,它在中国传来的佛教和日本本土的神道支配下,处理超世俗、超现实的信仰问题,可以说是宗教思想。再次是"历史"。正如末木文美士指出的,漫长的时间里,在王权与神佛两极的移动之间,文人学者对于生活与实践层面的医学、历法、生产技术,以及精神层面的经典解释、文学艺术创作与思想发挥,也在不断地发生变化,而这些在事件中的变化,就构成了思想的历史。很明显,末木文美士的论述中有黑田俊雄(1926—1993)"显密体制"的痕迹。

有趣的是,末木文美士还用了美国学者的"大传统"和"小传统"这样的概念,但他的用法,与我们习惯的,也就是来自这一概念的发明者美国社会学家罗伯特·雷德菲尔德的用法不同。他所说的"大传统",对应的是前现代或者说传统日本的思想，也就是上面我们说到的，代表了政治思想的王权，代表了宗教思想的神佛，以及两者之间展开的"文化"与"生活"；他还发明了一个"中传统"，对应的是明治维新以后，通过"大政归还""撤藩置县""神佛分离"等一系列维新措施，王权（原本由天皇与幕府等重层结构构成的政治权力）与神佛（佛教与神道，也就是神佛习合构成的宗教权力）被转型后形成的以"天皇"为中心的一元化结构。

这个一元化结构并未完全改变日本的思想传统，而是把日本原来的两极结构改造成为另一种图式，仍然是一明一暗：表层为西洋的新思想文化与现代宪政，加上来自过去属于王权的传统儒家忠孝伦理（"显"）；底层为神道的神社祭祀、天皇系谱的再建构，加上佛教与普通民众的祖先祭祀，形成天皇作为国家全体之家长的信仰（"冥"）。

他笔下所谓的"小传统"，也并不是我们所说的民众的、通俗的、底层的传统，而是二战以后，接受西方民主、平等、人权等普遍价值与制度设计，使得天皇只能作为象征，神佛的重要性也逐渐衰退，由此形成的所谓"战后进步主义"思潮。但应当注意的是，末木教授仍然觉得这只是"在'冷战'格局之下，依赖美国的半独立状态"下的思想，而且这一思想如今出现了溃败的征兆。

这部书除了说明理论和方法的第一章外，正文章节分成：（一）"思想的形成（古代），至9世纪"；（二）"定型的思想（中世），10—15世纪"；（三）"思想的多样化与变形（近世），16—19世纪"，（四）"世界中的日本（近代），19—20世纪"。这种历史分期方法，是日本学界惯用的。

值得中国学者关注的是，日本思想与中国思想究竟有什么不同？为什么两者有不同？末木文美士教授虽然没有特意归纳，但整部书实际上处处都在回答这一问题。

首先，末木教授提到，日本王权有自己的特点，天皇是神，万世一系、血脉绵长，神道与天皇之结合，证明了天皇之神圣性与他的血缘谱系相关；而中国虽然也有"天授王权"，但因为有儒家的德治主义，不符合"德"则不能得到"天"之护佑，所以，中国有王朝变更与革命传统，反复的革命具有某种合法性。

其次，中国的专制皇帝之下，有庞大的官僚系统与郡县制度，士大夫构成的官僚系统说明皇帝直接管理与控制庶民（末木教授指出，作为比较对象的中国思想，呈现的社会结构是天—皇帝—士大夫—庶民，见第15页），科举制度则保证了官僚的来源。而日本的国家不是郡县制却像封建制，也并没有科举制度，官僚选拔也不是中国式的，各地的藩主掌控着地方与民众，日本王权的"重层结构"

也与中国的"绝对专制"不同。

再次,日本的神佛与政治的关系,显然与中国的不同。日本的神佛深入政治,同王权互相调和与冲突,而中古时代之后的中国,佛教与道教并不能直接和深入地进入政治权力中心,更多是作为"方外",负责的是个人与精神领域(第16—17页)。

最后,中国有所谓"华夷思想"。关于这一点,我的感觉是,在很长的历史中,中国对于本土文化有很强的自信,对外来文化相当警觉。和日本相比,中国思想文化的独立性与自主性相当牢固,对于外来思想与文化总是采取"整体主义"(也就是道与器、本与末、形上与形下贯通融合)的理解与"改造主义"(如"格义")的采纳,所以,并不容易迅速吸收与融会外来文化。而日本虽然也有后来"和魂洋才"之类的说法,但由于历史上相当长时间内都是接受外来文化(中国文化、切支丹、南蛮、西洋等),"受容"与"变容"都相当直接和迅速,特别是他们并不拒绝"杂糅"。

读这本书的时候,我再次想到1998年我出版《中国思想史》第一卷时,引起诸多争论的话题:"思想史的写法"。其实,中国学者也好,日本学者也好,都同样面临"思想史的写法"的难题,而这难题在某种程度上出自三方面：一是如何挣脱近代西方传统哲学史叙述的概念和方法之笼罩；二是如何把一国的思想史放置在更大的视野和背景中来重新定位；三是重写思想史的时候，什么可以纳入思想史的范围，并且给出准确的结构和清晰的脉络。

2020.2.14

东京学院的午餐讨论会

中午去本部栋五楼，参加东京学院的午餐讨论会，两位副院长大竹和佐野也来参加。

今天是一个年轻的研究员讲"桦太岛"（库页岛）的阿伊努人问题，其中说到，明治日本政府面对俄国的时候，强调阿伊努人是"日本人"，面对国内国民的时候，则认为阿伊努人是"野蛮人"，这也许是很多政府对待少数民族的通病。

这一点很有意思。我提了两个问题：

一、库页岛（大清）/桦太岛（日本）/萨哈林岛（俄国）这个区域的国家归属在不断变动，生活在不断变动国籍的区域的少数民族，认同和身份问题相当复杂。现在历史学和人类学的趋向是，不只是追寻族群的源头，更注意他们自身的认同，所以问题是，现在在库页岛和北海道的阿伊努人各有多少，他们自己如何定位自己的族群身份？

二、日本政府如何处理这些极少数非大和民族人，是优待并鼓励他们保持身份和文化，还是强力推行国民同一性的身份并改造他们？前者会不会刺激他们的自我认同，使之不能融入日本，而后者会不会政治不正确，损害了多元文化和族群存在？

2020.2.18

在研究室读书两种

天气好极了,万里晴空。从我的研究室看出去,不见一片云彩,蓝色的天空就好像特别画出来的背景板。人若在雾霾粉尘的天空下生活得太久了,会觉得这样的蓝天不是真的。

读岸本美绪和宫岛博史合著的《明清和李氏朝鲜时代》(《明清と李朝の時代》,"世界の歷史"第十二种,中央公论社,1998年版),记下以下几点:

一、自从明初"片板不准下海"的禁令以来,15世纪以后的琉球,是联结东南亚与东北亚海域的中心,琉球到明朝中国进贡171次,次数排在第一位,比第二位安南的89次,居然多出近一倍。琉球向中国每两年一贡,每次有二到四艘船进入福州。但琉球从中国输入的商品,并不只是供本地享用,也作为海外贸易的商品,联结了东海和南海。琉球给中国的贡品中,则包含了胡椒、苏木等东南亚的物品。这在《历代宝案》中看得很清楚。他们的结论是,"在中国商人海外贸易受阻的时代,从中国大量进口中国商品的琉球商人,占据了东亚和东南亚海域交流的主要地位","如果把琉球看作这个时代东亚和东南亚海域东方的'结节',这个区域向西方的印度洋和南海联结的'结节'则是马剌加"。(第68页)

二、与中国比较,日本没有科举制度,而朝鲜虽然有科举制度,但朝鲜科举制最大的特点是,少数大宗族(同姓本贯的父系宗亲)占据了垄断地位。整个李朝时代,中进士三百名以上的大宗族有五个,其中,国王一族的全州李氏是第一位,为843人,安东权氏354人,坡平尹氏330人,南阳洪氏317人,安东金氏304人,这五个宗族占了15%。中进士达到一百人以上的宗族则有38个,合计7502人,这些朝鲜时代占人口仅仅1%多一点的大宗族,提供了整个李朝时代一半以上的进士(第101—103页)。这一点和中国相当不同,可以参考何炳棣、韩明士、艾尔曼等人有关中国科举制与社会流动的研究。此外值得注意的是,李朝的殿试合格者,从人口比例看也比中国的高,大约是中国的五倍,这是造成李氏朝鲜时代所谓"士林派政权",并且引发各种文人派系

斗争("党争""士祸",如老论、少论,南、北等),甚至导致整族株连的原因之一。(第107页)

三、作者认为,16世纪朝鲜流行的"口诀"(汉文旁边加注)、"谚解"(将汉文翻译成朝鲜语),也应该算是一种向下的启蒙。(第136页)"谚文"在世宗时代开始制定,1573年官方刊行了《朱子增损吕氏乡约谚解》,颁布全国,传达了官方推广儒教的理念。宣祖十八年(1585),官方又刊行了"四书"加上《易》《书》《诗》的谚解(即"七书谚解"),尽管燕山君时代曾一度禁用,但它在社会上仍然流行,促进了文化的普及。这一说法值得参考。

又草草读了一下平野聪的《大清帝国与中华的混迷》(《大清帝国と中華の混迷》,讲谈社,2007年版)。他从"东亚""华夷"和元明历史开始讲清代历史,放在世界史背景下,确实时有所见,但历史脉络叙述得并不那么清晰。他归纳朝贡圈为"同心圆的阶层构造",是"世界帝国的秩序",内容包括:

一、有德者居天命为皇帝,体现天理,君临天下;

二、由皇帝册封各朝贡国,名义为"国王";

三、朝贡国要奉正朔,在时间(秩序)上遵从宗主国;

四、朝贡国要定期奉上贡品,皇帝"厚往薄来"(《中庸》语），由此分出华夷文野；

五、要由皇帝通过朝贡贸易给予朝贡国确实的利益，同时实施严格的禁海令，不许私下的海外贸易。（大意，第94—95页）

这一概括很清楚，很全面吗？

2020.2.19

去东洋文库看"大清帝国展"

去东洋文库看"大清帝国展",一上楼就是著名的莫理循文库,在这里意外遇见滨下武志,他陪同一位外国学者来参观,和他简短地打过招呼。

说是"大清帝国展",其实并没有陈列出太多文物,大都是一般的书籍,像《清实录》《大清会典》等,也有清朝殿试的状元卷子、康熙皇帝的玉玺、收藏的龙袍,还有一份康熙亲自修订的《太宗实录》满文本原件。特别值得看的,是莫理循文库收藏的若干涉及清代历史的欧洲出版物。

从这里看出,东洋文库的"清代观",大概和"新清史"没有太大差异,也比较习惯将清帝国放在国际(周边与欧美,其中特别突出的是英国和俄国)、国内(包括台湾、新疆、西藏等)的变动中去理解。这和我们不太一样。

东洋文库

2020.2.21

日本疫情也紧张起来了

日本的疫情也紧张起来了。

到今天已经有85名感染者（不算横滨邮轮上的）。电视里说，横滨邮轮下来的几百个有潜在感染危险的游客，日本政府居然让他们各自乘坐公共交通工具回家，所以舆论批评政府的轻慢疏忽。电视上整天报道新冠病毒的消息，神户大学的一名传染病学教授在"脸书"上发言说情况极其危险，厚生劳动省到邮轮上检疫的两个职员染病，加上一个经常采访安倍的女记者被隔离，各个商店都没有口罩和消毒液，这些都搅得人心惶惶——现在的日本，就好像一个月前的中国。只是这里没有那么多病人，政府也听专家建议，新闻舆论透明，人也相对理性，所以我们也没那么惊慌，人多的地方戴上口罩就是。

电视上说，政府听取专家的意见，决定以轻症在家休养为主，原因是担心都挤到医院，形成更大的传染群，但没有说明如何防止轻症在家者传染别人。中国互联网上对日本的防疫方式什么意见都有，但也许人家日本自有日本的国情，且看将来的结果吧。

2020.2.23

读《帝国的新视角》

读日本历史学研究会编的《帝国的新视角》(《帝国への新たな視座：歴史研究の地平から》,青木书店,2005年版)。其中,平田雅博的《何为新帝国史？》(《新しい帝国史とは何か》,第179—215页)一文介绍的信息颇可参考。

这篇文章一开头,平田雅博就提到戴维·康纳汀(David Cannadine)。他说,"作为《如今历史学是什么》(*What is History Now?*)的主编,《装饰主义：英国人如何看他们的帝国》(*Ornamentalism: How the British Saw Their Empire*)的作者,康纳汀使得'新帝国史'取代'旧帝国史'这个理念在学界浮现出来。曾经只是历史学边缘的帝国史,由于受到后现代和后殖民的影响,如今已经进入舞台中央。现在,帝国史被赋予了全球史和国别史的联结点这种重要位置。后现代和后殖民理论中的文学研究者,提示了我们帝国史中关于性别、人种、文化和语言的很多内容,更把女性和黑人放在帝国历史的舞台和故事的中心"(第179页)。

新帝国史是怎样被启动的呢？他指出,"新帝国史的来源之一是福柯"(第180页),是福柯把帝国史的重心从政治、经济问题转向话语、文化问题,把马克思的生产模式转向福柯的话语模式,把经济决定论转向话语决定论。当然,影响新帝国史的后殖民主义理论代表人物,还有美国学者萨义德,他改变了全球帝国与殖民地的论述方式(第180页);另外他也说到,如果再提一个有影响力的后殖民主义理论旗手,则是斯皮瓦克(第180页)。

传统帝国史的重要代表作,是 W. R. 路易斯主编的五卷本《牛津大英帝国史》(*The Oxford History of the British Empire*)。这是一部集大成的宏大著作。但现在有人批评说,此书尽管有五卷之多,可是对黑人和女性的论述却始终不充分。为了弥补这一点,它只好出版"补卷"来免于批评。然而从根本上说,它的重心还是在传统历史学偏重的政治与经济,而对文化研究不多,关于这一点,后现代和后殖民学者对它的批判尤其严厉。因此,平田雅博说,它只是传统的旧帝国史之集大成作品。从安托瓦妮特·伯顿(Antoinette Burton)编的《后帝国论的转向:通过国家思考》(*After the Imperial Turn: Thinking with and through the Nation*），尤其是她为该书写的引言《论国家之不足及不可或缺》开始，学术领域显示出帝国史研究的新变化趋势（第 182 页）。

平田介绍，在这一领域做出很大贡献的新帝国史家，是彼得·马歇尔（Peter J. Marshall），他的《英帝国史之新与旧》（"British Imperial History New and Old"）发表在 2003 年冬季号的《历史焦点》（*History in Focus*）杂志上，挑明了新、旧帝国史之间的差异，指出了新帝国史的主要关注在于文化。他的说法大体上是：（一）新帝国史不仅关注物理性、经济性的统治，更关注统治者与被统治者内心存在的东西，也就是统治秩序的观念系统，比如人种的优劣、进步的阶段，以及在这等级制度基础上的世界秩序化，如何使人们承认统治者的优越性和被统治者在这一秩序中的位置。（二）进一步地，新帝国史关注某些文学表现中的帝国存在，以及对于欧洲之外的知识的需求，但是，这些文学、艺术与知识，都被帝国性的预设所"改造"，包括殖民地地图的制作、殖民地历史的叙述，新帝国史重视这些东西如何受到表面"客观"的"话语"的支配。（三）"认同"也是新帝国史关注的中心之一：帝国如何形塑认同，甚至在传统帝国衰落之后，仍然维持这种对帝国的认同？（四）新帝国史家不仅关心世界上无处不在呈现的"帝国"影响力，而且发掘和倡导对抗这些影响力的计划（program），他们并不满足统治精英们的观念，而是要使被帝国压抑的诸如贫民、流放者、女性的声音得到再发现。（第184—185页）

此文提及可以一读的书中，下面两种值得找来看看：凯瑟琳·霍尔（Catherine Hall）编的《帝国文化读本：19—20世纪英帝国的殖民者》（*Cultures of Empire A Reader: Colonizers in Britain and the Empire in Nineteenth and Twentieth Centuries*），卷首有她写的引言。凯瑟琳·威尔逊（Kathleen Wilson）编的《新帝国史：英帝国的文化、认同与现代性（1660—1840）》（*A New Imperial History: Culture, Identity and Modernity in Britain and the Empire 1660-1840*）。

今天读这篇文章花了很多时间，日本人凡是说到欧美学术与论著，总是一大片的片假名，这让我费了不少事。

2020.2.26

读濮德培《前现代世界的中国》

耶鲁大学历史系濮德培（Peter C.Perdue）教授的《前现代世界的中国》（*China in the Early Modern World: Shortcuts, Myths and Realities*）指出，过去对于16—19世纪中国之所以落后于近代欧洲的解释，主要是三点：一是儒家更关注道德哲学，阻碍了科学的发展；二是中华帝国对于商人的压抑，士农工商中，商人在最末一等；三是东方专制国家没有自由。

但濮德培并不同意这样的看法。他认为，如果仔细分析中国历史数据，商人的活动空间在传统中华帝国还是很大的，儒家虽然强大，但也不应当忽略中国的多元信仰体系（比如佛教的另类世俗化让僧侣和信徒从事商业，经世致用的传统使得士大夫把古典知识运用到经济政策上，市场的低营业税收维持了贸易的稳定），所以近年来的一个新结论是，前现代中华帝国的商业财富与同时期的欧洲至少是平等的,欧洲中心主义的观念是不对的。他在"导论"中提出一种不同的分析道路,即"把中国纳入一个包括欧洲在内的更大的全球范围,将工业革命只视为一个单一的全球程序,而不是国家或文明之间的竞赛",他说"这会带来许多好处"。

这当然很好。但是我也怀疑,这样的观念会不会导致一个趋向,即把近代中国的落后全部归咎于帝国主义的侵略和掠夺?在西方学界,这种立场与价值当然是值得尊敬的自我反省,但从中国的角度来看,它表面正义的批判和控诉,会不会使得中国学界因此忽略了对自身弊病的发掘和分析?

2020.2.27

读村井章介《古琉球》

用四天时间读村井章介《古琉球》(《古琉球：海洋アジアの輝ける王国》,角川书店,2019年版)。记下几点：

一、所谓"古琉球"这一概念，由"冲绳学之父"伊波普猷（1876—1947）在其名著《古琉球》（冲绳公论社，1911年出版，有河上肇的跋语）中予以确立，当时他是冲绳县立图书馆的馆长。这一概念，指的是1609年（日本庆长十四年，明朝万历三十七年）之前，也就是被萨摩岛津氏征服之前的琉球。古琉球在日本的疆域之外，因此伊波普猷在讨论古琉球时，特意避免用"日本"，而用ヤマト（大和、倭）这个词来指代琉球之外的那个日本（第10页）。古琉球逐渐形成了独立的王国，并且作为以中国为中心，由日本、朝鲜、安南、暹罗等国组成的国际社会的一员。在当时，它的地理位置相当重要，它不仅是东亚和东南亚海上道路的连接点，而且与中国、朝鲜和日本等较早文明化的国家都不远（第 10—11 页）。

二、14 世纪，冲绳本岛有三个小王国，各自与明王朝有"朝贡—回赐"关系。1420 年，琉球王国结束了三山分立的状态形成统一王国，在明王朝的支持下，与东南亚各国、朝鲜进行贸易，并且把这些贸易得来的商品作为贡品，进献给大明王朝。1458 年，在琉球王国首里城正殿悬挂的大钟，铭文中就有"以舟楫为万国津梁"之语。这个时代的琉球与日本（大和、倭）在以语言为核心的文化层面比较接近，政治关系上则似乎没那么密切。比起作为中央政府的室町幕府来，倒是萨摩大名岛津氏，特别是作为倭寇势力组成部分的商人和武士，以及僧人，处于日琉往来的中心（第 11 页）。

三、村井一再强调，那个时代的日本并不是现代的日本，"日本的疆域不是自明的"，绝不能把从北海道到冲绳的日本当作天经地义自古而来的日本。这一观念和我对历史中国的讨论很接近。他举出北方、东方和西南方的三个例子。北海道以北，只有渡岛半岛南部，曾有大名松前氏，仅有叫"和人地"的地方是直接统治区域，其他的像桦太岛（库页岛）、千岛群岛，都只是"虾夷地"（无主之地），直到 1799 年，才发生"幕领化"的转变。东面的对马，曾在釜山设立"倭馆"，承担与朝鲜的外交、贸易事务，对马岛的以酊庵，则与京都五山僧人联络，取得与朝鲜的外交文书，而中世对马的各种势力，也从朝鲜国王那里接受各种官职，接受朝鲜批准盖章的贸易许可。西南的琉球，过去也是独立的王国，直到1609年萨摩岛津氏将其征服，割取奄美群岛，往冲绳本岛派遣萨摩的"琉球在番奉行"以监视琉球国政，并推行萨摩的土地制度和税收制度，这才逐渐纳入"日本"（第14页）。但即使如此，江户日本仍然默许琉球保留与明清王朝的"册封—朝贡"关系，使得琉球形成"两属"的状态。可是近世以来，这种勉强可以叫作"异域"／"羁縻"的边缘地区，在广义上可以称为"外交"的羁縻关系，逐渐被整合和归并。在"撤藩置县"形成中央集权的现代国家把传统疆域转化成现代领土的过程中，原本由三个藩即松前、对马、萨摩所控制的北海道、对马岛和琉球，就不得不改变其归属性质。现代国家与传统帝国不同，它不允许有"差异"的"化外之地"，而是努力追寻一种政治、经济和文化上的统合，建设国家内部的"同一性"，这才逐渐形成了现代日本的"内"与"外"。所以，村井章介把古琉球史的研究，看成"地域史"的研究，他引用高良仓吉在其名著《琉球时代》（《琉球の时代》，筑摩书房，1986年初版，2012年再版；第300页）"结语"部分的说法指出，因为在"地域史"的研究中，可以使琉球史摆脱作为国别史的日本史之"地方史"身份，与亚洲史（亚洲海洋史）、全球史产生关联（第19页）。

四、有关古琉球史的文献，村井章介介绍了六类：（一）《历代宝案》。（二）《思草纸》（22卷1554首诗歌）：从1531年开始编纂第一卷，后来陆续编成，大多数歌词可以追溯到古琉球时代，内容涉及历史人物、奄美大岛的征伐和岛津的侵略、与唐（中国）和南蛮的贸易、神女传说等。（三）辞令书：国王颁发的文书，1520年以前留存61通，其中31通与冲绳有关，29通与奄美有关，1通与先岛有关。（四）碑文：古琉球时期大概有20通，其中1497年以前的有13通，大多是汉字。（五）正史：近世琉球王府编纂过四次历史书，包括1650年羽地朝秀（1617—1675）编的和文体《中山世鉴》、1701年蔡铎汉译本《中山世谱》、1724年根据蔡铎本增补的蔡温本《中山世谱》（均为国王政治事迹）、1745年郑秉哲等汉文本《球阳》（偏重地理与社会）。（六）家谱：1689年，琉球王府提出以士族为对象编纂，后来陆续编出，包括首里、久米、那霸、泊四大系。当然，同样重要的还包括日本与中国的历史记载，以及欧洲人东来的各种记录。

五、对于琉球文化的缘起，现在不少学者持"奄美文化起源"说。不过，从语言学和人类学角度看，也需要说明的是，琉球人不仅有南下的大和族成分，也有东南亚人的成分，还有汉人的成分。其中，根据1713年成书的《琉球国由来记》卷十《诸寺旧记》的记载，中国佛教初传琉球，是南宋咸淳年间（1265—1274）的禅鉴禅师"乘一苇轻舟，飘然至小那霸津"，英祖王引为知己，在浦添城西建立寺院，号"补陀落山极乐寺"，但是他或说是朝鲜人，或说为扶桑人，出身并不清楚。到了明代，中国文化大规模传入，传说有明朝皇帝赐给"闽人三十六姓"，但是考察久米村华人的先祖，这未必是事实。因为现在有名有姓有记载的程复，曾为中山王服务四十年，1411年得到永乐皇帝允许回乡致仕，这是记载在《明实录》永乐九年中的事情，那么他到琉球应当是1370年以前，那时明朝刚刚建立。而且更早应当就有华人渡来，因为冲绳各地都出土过唐代钱币、宋元陶瓷，而冲绳遗留的道教文化痕迹，也和九州岛、奄美的相近。琉球与朝鲜的交往，则不仅有海上贸易，也有官方往来：1455年琉球国王以一个博德的商人道安为使者，渡海到朝鲜，请求赐予《大藏经》，不过，到底道安是否得到朝鲜的《大藏经》，史无记载，倒是1457年日本国的使者全密给了琉球国《大藏经》，这在1458年琉球国王的咨文中有记载。不过，朝鲜文献中曾经记载过琉球国王的使者"吾罗沙也文"（五郎左卫门），那时朝鲜把琉球也当作"倭"。

所以,琉球是各种文化的交汇处,前面提到1458年的"万国津梁钟"铭文中,就有"琉球国,南海之胜地,钟三韩之秀,以大明为辅车,以日域为唇齿"这样的说法。

六、关于古代中国文献中的琉球,村井章介特意讨论了他与白鸟库吉等前辈学者不同的观点。关于琉球的一段关键文献是《隋书》卷八十一《流求国》,这篇文献对于"流求"的政治统治、风俗习惯、葬式、刑罚、物产有相当宝贵的记录:

> 流求国,居海岛之中,当建安郡东,水行五日而至。土多山洞。其王姓欢斯氏,名渴剌兜,不知其由来有国代数也。彼土人呼之为可老羊,妻曰多拔荼。所居曰波罗檀洞,堑栅三重,环以流水,树棘为藩。

这个"流求",是否就是现在所说的琉球?过去,东京大学的德国历史学家里斯(Ludwig Riess)以及和田清、白鸟库吉等认为是台湾,秋山谦藏、喜田贞吉认为是冲绳,伊波普猷认为部分是台湾、部分是琉球。这是历史学上很重要的争论。

日本前辈学者白鸟库吉把这段话里的各种词语,用马来语对应,认为"欢斯"是 Kandjeng(様、殿),"渴剌兜"是 Ratu(王),"可老羊"是 Ka-raya-an(宏大、庄严、严肃),"多拔茶"是 Tabatah(高位者之敬称),"波罗檀"是 Paratuan(国家)等,判断这里说的"流求"就是当时有马来系人口居住的台湾。村井章介并不同意,觉得这种考证过于烦琐和艰涩,尽管他也吸收了白鸟库吉用马来语对音的成果,但他认为这个"流求",应当就是 7 世纪以来,处于东南亚大陆南端文化影响下的琉球,因为《流求国》中也提到 610 年出兵流求的将军陈棱的活动,其中提到"昆仑人"能懂这里的语言,所以还带了昆仑人去"慰谕"当地民众,而所谓昆仑人就是东南亚南部卷发黑身之人。村井章介认为,昆仑人的活动范围在 7 世纪的时候就很广,642 年百济来访飞鸟日本的百济使节曾将昆仑人投入海中,753 年随鉴真访问日本的人里面也有昆仑人,799 年参河国也有漂流来的昆仑人。另外,654 年,有吐火罗男女各二人、舍卫女子一人到过日本,三年后又有吐火罗国的男二女四共六人配流到筑紫——吐火罗就是如今的曼谷附近,舍卫则是以祇园精舍闻名的印度北部。

村井章介判断,通过与吐火罗人和舍卫人的接触,古冲绳——村井章介特意用御城（グスク）来代表古代冲绳——文化形成之前的冲绳，曾经呈现出东南亚的文化色彩，然而在与中国、日本、朝鲜等接触之后，这种文化渐渐淡化，马来语系的语言渐渐被忘却。当然，这只是村井章介的一种猜测。

2020.2.28

日本学者论博物馆史及日本思想史

中午,去本部栋五楼参加东京学院的午餐会。

今天,先由寺田悠纪博士讲近代伊朗的博物馆史,这是从小见大、非常有意思的话题。在讨论中我讲了三点:

(一)博物馆是近代文明的产物,各国均同。与伊朗博物馆相比,中国的国家博物馆和故宫博物院分别承担"国家认同与制造历史"以及"保存古物和发扬传统"两种功能。也许,中国博物馆所受意识形态影响更大,更偏重前者,所以官方系统的各省博物馆必须有"通史陈列",而各种民间或私人的博物馆,虽然偏重审美与艺术,但由于总是处在边缘,起不了太大的作用,其意义只是反映了边缘对中心的抵抗。

(二)近来中国之所以对伊朗特别产生兴趣(如李零的《波斯笔记》),一是因为意识到中国与波斯同为东方古国,有绵延漫长的历史;二是因为同为昔日辉煌帝国,有多元族群与文化,可以比较;三是因为有相近的以"欧美"为"他者"的立场。但是,中国对伊朗也有尴尬之处,所以博物馆即使有展览,也多是古代波斯展,很少有现代尤其是当代伊朗的展示(所以我们很多人看到伊朗电影之水平会甚为惊诧)。

(三)不少中国的博物馆出于某种"在现代反现代(西方)"的潜在意识,现代艺术的陈列不多,还是以传统艺术为主。这一点和巴列维时代(1925—1979)的伊朗博物馆能够逐渐接受现代或当代艺术不太一样。

会后,羽田正和我讨论了一个多小时。他看了我关于《日本思想史》的书评后,对末木文美士的《日本思想史》有一点批评,即"日本思想史"仍然在民族国家的框架内。我明白他的想法,他是一个执着而热情的全球主义或世界主义者,反对以国家为历史单位。所以,我给他做了一番解释,大意是:

(一)学界有"异中求同"和"同中求异"两种方式,历史学家的责任和长处往往是后者。

(二)之所以要寻找中日思想史的"差异",是寻求思想史研究的互为背景,实际上也等于扩大了思想史的视野,至少对照部分超越了国境。

（三）现在虽然全球史、区域史很重要，但不必抛弃"国别"作为历史叙述的单位，就像必须有容器才能装进水一样，"王朝／国家"也是纳入历史的容器之一。如果没有一个可以清晰叙述的单位，历史可能会漫无头绪，因此我赞成德国于尔根·奥斯特哈默的说法，即"容纳国别的全球史"和"全球背景的国别史"应当相容。

（四）应该看到，东亚各国的王朝／国家实在强大，形塑了各国不同的文化和思想，因此思想史研究，尤其是政治思想史研究，无法绕开"王朝／国家"。

我也特意向他说明，我的问题意识往往是针对中国学界，我设想的步骤是从国别、区域到全球的逐步拓展，所以，我才会从"中国思想史""从周边看中国"到"从中国出发的全球史"。我又告诉他，我正在读村井章介的《古琉球》，也许也会写一篇评论。他很高兴，建议把村井章介也邀来见面。同时，他对我这样的中国学者的现实关怀和问题意识很好奇，追问为何中国学者不讨论长远未来的问题，比如"2050年的人文学术"？我的回答是，因为现实中的问题太多，只能手忙脚乱地不断地回应现实提出的问题。我还引用当年李泽厚所说的"只写两三年看的书，不写十年后看的书"一语来说明这个意思。同时我也指出，没有现实问题刺激出来的历史思考，如同日本的中国学,虽然越来越专业化和学院化,但生命力和影响力却在衰落。

学者在学院化和现实关怀之间,确实有两难的问题。

2020.2.29

再读村井章介《古琉球》

继续读村井章介的《古琉球》。

七、村井章介反对关于《隋书》中"流求"为"台湾"的考证。他认为,把《隋书》中的流求作为台湾,主要基于以下三点:(一)以前现代的航海技术,从建安郡(今福州)不可能五天到达琉球,只能到达台湾;(二)《文献通考》记载琉球在"泉州之东,有岛曰澎湖,烟火相望,水行五日而至",台湾与大陆之间有澎湖,而大陆到琉球中间没有澎湖,也不能看见烟火;(三)《隋书》记载的流求物产,有的在台湾有(熊罴豺狼)而琉球没有,吃人的习俗台湾有而琉球无法确认。——但是他一一批驳,并且引用了航海者的实践、新发掘的史料和人类学的观点,否认这种考证。他还认为,"《隋书·流求国》以及后来的《北史》《通典》《太平御览》《太平寰宇记》《册府元龟》《通志》等史书几乎都是这样写的,它们对中国人的琉球观念有很大影响。而古代日本的知识人不时从南岛'来朝'的人那里得来的琉球知识，可能比阅读汉籍得来的琉球情报更多"（第51页）。他认为，14世纪明朝建立以前，中国和日本的认知是有差异的，日本对于萨摩以南的海岛群，以冲绳为中心，延伸到台湾，叫作"琉球"，而宋元人对于福建以东的海岛群，则以台湾为中心，延伸到冲绳，也叫"琉球"。这种现象到明朝建立时，发生了根本的转变（第53页）。明朝的四裔视野中没有台湾，但是，明朝根据杨载出使日本回程中得到的情报，于1372年派遣杨载赴琉球，随即琉球国中山王察度派使节赴明朝，琉球国就进入了东亚国际圈的视野。到了1392年，大琉球为冲绳，小琉球为台湾，就更加明确。1395年成书的《皇明祖训》中，明确记载了十五不征之国中，有大琉球和小琉球。所谓"大"和"小"并不意味着岛屿面积，而是意味着外交和贸易上的比重大小（第55页）。

八、关于琉球历史的数据，我们中国学界可能会惊讶地发觉，原来涉及琉球的史料，居然来自四面八方。

首先，村井章介引用了古代日本方面的记载：（一）隋朝军队征伐琉球之后的几年，日本"正史"中就有了关于琉球的记载。如616年先后曾有三个、七个、二十个掖玖人来日本，安置在朴井，不及归还而死（《日本书纪》

推古二十四年三月、五月、七月）；620年有两个掖玖人来伊豆岛（同上二十八年八月）；629年日本派遣田部赴掖玖，第二年九月田部归还，631年归化的掖玖人可能就是田部带来的（同上，舒明元年四月、二年九月、三年二月的记载）。此类记载在《日本书纪》中还有很多，村井章介也一一列举。（二）当时的日本把琉球也叫作"南岛"。比如《续日本纪》文武二年四月壬寅，三年七月辛未、八月己丑、十一月甲寅等记载，日本在698年曾派文忌寸博士等八人，并给武器，作为觅国使，到奄美、德之岛、掖玖等地，让他们来贡方物，同年，"南岛献物"奉纳伊势大神宫及诸社。这些记载和《新唐书·日本传》中"其东海屿中，又有邪古、波邪、多尼三小王"的记载能够对上——村井章介说，多尼就是日本的"多祢岛"，波邪即隼人（はやと），也即萨摩国，他引用铃木的意见认为，这可能是702年遣唐使粟田朝臣真人带给中国的知识（第58页）。他还特意指出，虽然萨摩和多祢已经成为"国内"，但这并不等于说，南岛在那个时代已经是"国内"。当时日本也仿佛有一个华夷秩序，那时的南岛也是来贡方物的，比如715年元明天皇在太极殿接受皇太子以下朝贺时，也接受"陆奥、出羽之虾夷，及南岛之奄美、夜久、度感、信觉、球美"的参列朝贺（第58页）。（三）1984年在福冈太宰府遗迹出土的木简中有"美嶋""伊蓝嶋"。(四)各种日本古地图、遗迹,《大唐和上东征传》(779年成书)、《玉叶》《元亨释书》《小右记》,等等。

村井也指出,南岛人的活动,8世纪以后消失了200年,但在10世纪重新出现。关于这一点,他引用了各种日本资料,如各种日记、书状,也引用了好多考古资料,如奄美大岛的城久遗迹群、11世纪德之岛的龟烧(カムィヤキ)古陶瓷窑遗迹等。其中,德之岛发现一百多处龟烧古陶瓷窑遗址(2006年统计),被学者吉冈康畅认为可以和"日本四大中世须惠器窑"(珠州、常滑、渥美、东播)并列。当然,这些古陶瓷窑的突然出现,村井认为可能和高丽有一定的关系。

接着,村井章介特别介绍了以下几种文献中的琉球记载:(一)《漂到琉球国记》(宽元二年九月所记,日本宫内省书陵部藏)一卷,逐日记载宽元元年(1243)从五岛列岛往南宋去的船只漂流到琉球国的事情:九月十七日漂到的琉球,二十六日离开,二十九日到达福州龙盘屿。其中,二十二日记载了琉球的衣帽、肤色、五官、语言、食物、男女以及"只念三宝唱观音"。(二)《千灶文书》《岛津家文书》《鹿儿岛县史料·萨藩旧记杂录前编》《种子岛家谱》中有关12世纪"十二岛地头战",即日本特别是萨摩与南方诸岛的记载。十二岛是口五岛和奥七岛,而"此外五岛"则包括奄美大岛、喜界岛、德之岛,甚至可能包括冲永良部岛、与论岛。村井说,如果是这样,那么当时日本西部的疆界,已经延伸到千灶氏所领的冲绳本岛面前了。不过,由于1420年琉球三山统一于中山,国力增强,疆界扩大到奄美方面(第84页),根据1456年漂流到久米岛的朝鲜水军梁成的归国报告,琉球的范围已经包括归顺十五年的"吾时麻(おしま)"即奄美大岛(《朝鲜王朝实录》世祖八十二卷辛巳)。当时吐噶喇列岛"在琉球、萨摩之间,半属琉球,半属萨摩"(《朝鲜王朝实录》端宗元年五月丁卯)。(三)足利将军给琉球国王的五通文书(1414年、1417年、1436年、1439年、1527年,见古辞书《运步色叶集》)。琉球国王给日本的文书(1420年,收入天理大学图书馆藏《大馆记》所收的《昔御内书符案》)。冲绳县立博物馆美术馆藏《琉球国王辞令书(田名家文书)》。

其次,村井也介绍了朝鲜的史料。除朝鲜王朝所编各种古地图中有关琉球的部分之外,特别值得重视的是《朝鲜王朝实录》,其中所收各种漂流琉球的朝鲜人的记录,现在已经有池谷望子、内田晶子、高濑恭子编译的《朝鲜王朝实录琉球史料集成》。村井章介特别引述了15世纪50年代到70年代的六份朝鲜漂流者的叙述,分析了国家体制形成初期的"国制与军事""社会与习俗""济州和与那国、琉球、盐浦""目击的先岛社会"。这些漂流者是：1450年万年、丁录等四人（卧蛇岛，后至首里王宫）；1456年朝鲜水军梁成等十人（久米岛）；1461年肖得诚等八人（宫古岛）；1462年普须古等（他们对宣慰使李继孙叙述了琉球的风俗）；1477年济州人金非衣等（与那国岛，后经西表岛、宫古岛、冲绳，1479年借尚德王使者之名，与博德商人新伊四郎为伴回国）；1442年济州人朴孙等十二人（漂到琉球，经中国北京，跟随1546年冬至使金伯淳回国，由听了他们叙述后的柳大容撰成《琉球国风土记》，其梗概载于鱼叔权《稗官杂记》）。

当然，他也引用了中国史料，比如"外国人所见之首里城"一节中就引用了郑若曾《琉球图说》。这已经是琉球史研究的常识。

九、关于琉球在东海与南海的中心位置。据《明史》记载，琉球向明代中国的进贡次数，是东亚各国中最多的，以171次排在第一位（安南89次，日本排在第十三位，仅19次）。琉球使团进贡，先后被安排在泉州来远驿和福州琉球馆（1472年以后）。顺便抄下"万国津梁钟"（1458年，冲绳县立博物馆美术馆藏）的铭文："琉球国者，南海胜地，而钟三韩之秀，以大明为辅车，以日域为唇齿，在此二中间，涌出之蓬莱岛也。以舟楫为万国之津梁，异产至宝，充满十方刹，地灵人物，远扇和夏仁风。"

《历代宝案》收录的外交文书中，有1425年（洪熙元年）琉球国王给暹罗国的文书，内容是恳请关照使者浮那姑所乘坐的仁字号海船，此船载有瓷器去贸易，然后回货是从暹罗购买的胡椒和苏木，"以备进贡大明御前"。疏通贸易的礼物，则是丝绸、腰刀、纸扇、硫黄、瓷器。又有1467年（成化三年）给满剌加国王的文书，文字是汉文，还引用《大学》来掉文，而内容也是有关贸易的，其中提到琉球船上包括使臣、通事和头目。村井章介在2014年的另一本著作中，已经通过对照琉球保存的家谱与《历代宝案》，详细地列出琉球担任通事一职的人，有很多是久米村的士族，如红氏家族的红英、红锦、红瑞，蔡氏家族的蔡回保、蔡樟、蔡迪，梁氏家族的梁复、梁德伸、梁袖，可见汉人不仅负责沟通中国和琉球，而且作为暹罗、爪哇、佛大坭、满剌加、旧港的翻译。

在东海和南海的贸易中，他们奉行的原则是"四海一家，两平交易"[宣德六年（1431），琉球国王致暹罗咨文，见《历代宝案》第四十卷一〇一；又宣德三年（1428），琉球国王致旧港咨文，见《历代宝案》卷四三四]。

三月

2020.3.1

三读村井章介《古琉球》

接着读村井章介《古琉球》。

十、村井章介对于琉球文化的描述，是"和 / 琉 / 汉的文化复合"。过去中国学者对于琉球的文化描述，会比较多地选取汉文文书、汉文碑刻和汉文文学作品，说明琉球文化受中国文化之影响很深；村井章介也引用这类文献说明汉文化的影响，但相比而言，他更强调的是文化的复合：

（一）他引用了《思草纸》（《おもろさうし》，1531年开始编第1卷，1613年编第2卷，1623年编第3—21卷，共收录了1554首诗歌），以说明这部官方编纂的文献，其实也是琉球国家文化的文字化事业，而"这一事业的动机，与其说是把它作为中央集权的象征，不如说是来自琉球王权担忧忘却古琉球语和古歌谣的危机意识"（第266页）。1709年，首里发生火灾，《思草纸》被烧毁，但幸好在 1702 年，也就是火灾的八年前，王府曾经让"女官座"的官员，编纂琉球古语辞书《混效验集》（1711 年完成）、《女官御双纸》（1706 年完成），其中保存了《思草纸》的大部分文本（大约是 1248—1249 首）。由于并没有 1710 年以前连续的社会记录，这一复原的文本就非常值得一首一首地阅读和体验，"毫无疑问，《思草纸》还是作为呈现古琉球的社会与国家中，地方文化的根基的史料"（第 267 页）。

（二）在讨论 1427 年到 17 世纪初的 20 通古琉球碑文时，村井认为，中世日本缺乏碑文文化是一个不可思议的现象，日本似乎对于故人的事迹和建造物的时间并没有那么重视。然而，琉球与同时代日本列岛相比，却是一个例外。不过，虽然琉球的石刻文献压倒性地是汉文，但琉球碑文文化"并不是中国的单纯复制"（第 268 页）。他举例说，古琉球碑文，汉文之外还往往有かな这种汉字假名混写文，比如 1501 年的《玉御殿碑文》，虽然署有"大明弘治十四年九月大吉日"这种中国式纪年，但是也有混写文的纪事。而这通碑文乃王家之墓，其内容也是制度规定的国家公事，这说明混写文在某种意义上也是国家的、官方的文字。他又列举《真珠凑碑文》（1522）、《国王颂德碑》（1543）以及桥梁、城寨、圣地、陵墓中的石刻文献，说明这种混写文的石刻，主要出现在尚真王的时代以后。他并不认为"汉文是对外的，混写文是对内的"，其实，这些文化在当时是混合的。

（三）以神女为主的"毛被"（まうはらい）。这种以女性为主的祭祀活动，也曾经引起明清中国的关注，在册封使们的文献中，就提到"女巫""女君""女王"等，如陈侃《使琉球录》，《国朝典汇》卷一六七，以及郭汝霖（1562）、萧崇业（1579）、夏子阳（1605）等。

（四）琉球与日本佛教界的交流很多。村井以"博德的伪琉球使：自端西堂"、"萨摩河边宝福寺"之芥隐承琥等为例，说明此后从日本京都和萨摩渡海而来的佛教僧人，在琉球得到很高的地位，而且在琉球的外交上也非常重要和活跃，而琉球的僧人（如16世纪上半叶的鹤翁智仙等），也曾到日本修学（第314—315页）。他认为，17世纪之后，随着近世日本政策儒教化以及礼仪中国化进程，女巫"托游之俗"及汉文假名混用的传统在"公领域"逐渐消失，琉球也在逐渐日本化。

十一、在"琉球为中心的国际秩序"这一节中，村井把1609年以后的琉球，定义为"幕藩体制中的'异国'"（第396页）。

作为"古琉球"之结束的，是萨摩于1609年的入侵。

1609年6月,尚宁王与岛津家久见面,8月与岛津义久见面。第二年4月,他与家久一道赴江户,8月在骏台见到德川家康,9月又在江户城面见德川秀忠,并在同月离开江户,岁末回到鹿儿岛。1611年10月,尚宁王终于回到琉球。他与岛津约法三章(即"起请文"),第一条即承认琉球为萨摩藩岛津的附庸,第二条宣布子子孙孙遵守誓约,第三条则是不违反岛津的法度。尽管也有像郑迥那样反抗的人(被羁押在鹿儿岛的郑迥曾经委托长崎的福建商人,于1609年9月写成"反间之书"向大明求援),但基本上无用。

但是,这时候日本德川幕府很希望通过琉球的进贡贸易,恢复与明朝已经断绝的关系,并获得朱印船在东海和南海进行贸易的保护(第393页)。1610年林罗山代本多正纯草拟的致福建总督的信件,就表达了"仰慕中华之心"和"寻求和平之道"。不过,这封信里说到日本国主源家康的伟大,不仅统一全国、抚育诸岛,左右文武,经纬纲常,"遵往古遗法,鉴旧时炯戒,邦富民殷,九年蓄积,移风易俗,追迹三代",而且有朝鲜入贡、琉球称臣、安南交趾占城暹罗吕宋西洋柬埔寨等蛮夷之君长、酋帅,各各无不上书输诚(《罗山先生文集》卷十二)。这就惹恼了明朝。1611年10月岛津家久致信尚宁提到三个希望,并且在1613年春,再请禅僧以尚宁的名义,用汉文写信给福建军门(《南浦文集》卷中《与大明福建军门书》),提出:(一)福建划出一座海隅偏岛,让日本船只停泊;(二)以琉球为中介,进行日中贸易;(三)互通使者与有无。家久甚至语带威胁地说,如果不服从就以"日本西海道九国数万军"开战,届时靠近日本的大明数十州将必有近忧。在这封信的前一年,即1612年,日本的三个要求已由琉球的进贡谢恩使告知福建巡抚丁继嗣,并传到北京,引起大明的种种议论(见《明实录》万历四十年十一月乙巳)。1613年福建布政使司的咨文(见《历代宝案》卷七、十五)就用柔远的方式,宣布琉球被侵之后,财亏人乏,可以等十年以后再入贡,并没有放弃琉球作为朝贡国。经历这一转变之后,逐渐形成了琉球与萨摩、日本关系的基本轮廓。

村井很赞成黑嶋敏的观点,也即"通过彻底批判岛津一侧的史料,克服"琉球作为属国乃历史必然"的岛津史观,明确琉球的主体性"(第340—341页)。

2020.3.4

全球化再思

关于全球化,由于这次新冠病毒,有人提出这样的看法:它看上去美好,却会带来巨大的危险。

第一,全球化让很多国家捆绑成一个齿轮链条,一旦其中一个齿轮脱掉,整个链条就会崩溃。风平浪静时,一切协调而美好,然而,只要一环出现问题,就会牵一发而动全身。产业链的狭窄化让所有的国家都如履薄冰,既怕别人出事断了自己的供应,更怕自己丢掉产业链上的位置,失去发展机会。面对这种局面,很多国家开始思考,全球化以及产业分工真的是好事吗?

第二,全球化让国与国之间的贫富差距扩大。全球化通过资源的自由流动,产生了更高的效率、更低的价格,以及更丰厚的利润,但对于那些因产业转移而承担消极后果的国家来说,则是另外一番图景。一些国家因全球化而强大,但更多的国家,因为产业、人才、资金以及技术的抽离，每况愈下。

第三，全球化令那些最不该全球化的东西全球化了。首先，难民全球化了。其次，宗教极端思想全球化了。再次，武器贩运与贩毒也全球化了。全球化已经到了"利好处尽是利空"的转折点。于是，美国选出了特朗普，英国开始脱欧，整个西方世界，保守派领袖纷纷上台，民族主义开始大回潮。

这个局面，有人称之为"逆全球化"。那么，新冠病毒的警示是什么？第一，像中国这样的大国忽然停摆将发生什么？第二，在各国治理模式不一的情况下，片面推进经济全球化是否明智？第三，几次碰壁后，不少国家有意无意地会走向另一个思路——国家优先。那么，全球化还有没有未来？也许会有的，但彼时的全球化必须有一个条件：全球社会治理模式的高度一致，甚至是统一。简言之，经济的全球化必须以政治的一体化为前提。

这些说法值得好好想想。

2020.3.7

读岩井茂树《朝贡、海禁、互市》

早上起来,去上野公园看了樱花。昨晚在暮色中看到公园门口两株樱花开得很艳,以为樱花差不多都开了,今天到了公园的樱花大道,才知道现在还早,只是那两株早樱诱惑得人们以为樱花盛开。虽然安倍和日本政府要求人们避免群聚观花,但估计还是挡不住人的好奇和爱美之心。我们想早一点儿,好避开人群观赏,没想到花还没开呢。

到学校,读岩井茂树的《朝贡、海禁、互市》(《朝贡·海禁·互市:近世東アジアの貿易と秩序》,名古屋大学出版会,2020年版)。

在"序章:朝贡体制论的再检讨"中,岩井把"朝贡""海禁""互市"作为三个互相密切关联的概念,构成通商与外交的"基轴","从三者怎样联系、怎样相互作用,能够看清14世纪后半叶到19世纪前半叶东亚通商与外交的展开及其历史意味"(第1页)。这是他的主旨,但他主要突出讨论的是"互市",也就是说,他希望通过非朝贡性质的互市，重新理解朝贡时代。

这篇序章中介绍了各部分的内容：（一）第一节"作为天朝的朝贡与互市"，分为"天朝与周边""不需要仪礼的贸易""朝贡体制""与仪礼不可分的贸易（指的是朝贡体制中的属国呈送贡品和中国官方的赐予）""理念与现实（指的是与"朝贡体制"不同的实际国际外交，从宋辽开始的以岁币换和平）""解释的不对称""朝贡与天子的正统性"，最后是"（朝贡）体制论的有效性"；（二）第二节"制度与概念"，对朝贡、表文与国书、朝贡贸易、朝贡的安全保障（指的是对属国提供庇护）、海禁与边禁、互市——作出解释；（三）第三节"朝贡体制的逻辑与性格"，则对过去的"朝贡体制"论进行批评和补充。针对费正清等人把朝贡体制和通商贸易结合在一起，称为"朝贡贸易"（Tributary Trade），岩井提出了他的不同意见。"根据费正清和马克·曼考尔（Mark Mancall）等人的看法，贸易和朝贡之间的关系是这样的，中国所有形态的贸易，都与朝贡结合成各种各样的形式。然而在他们的这一论述逻辑中，朝贡行为与其说是宗藩臣属的礼仪，还不如说，刻意强调的是贡物的献纳，而贡物献纳乃是配合商业活动的仪礼"（大意，第 27 页）。

岩井茂树认为，费正清把朝贡圈分为三层：中华、内陆亚洲、外夷，而朝贡贸易就在这三层上有所区别：其一，向皇帝敬献贡品之后，马上在京城进行的贸易，在这一层面，也可以承认其作为边境贸易的合法性；其二，没有献纳贡品，在北京进行的交易（如 1695—1755 年俄国在北京的贸易）；其三，没有献纳贡品，在边境进行的贸易（欧洲各国和东南亚各国的港口或者广州进行的贸易）。不过，岩井茂树指出，在这些与朝贡体制相关的商业行为之外，还有"不需要仪礼的贸易"，也就是"互市"。特别是在清代，清代改变了明代那种追求朝贡一元体制的做法，并不追求朝贡关系的扩大，与俄国签订了条约，选择与日本和西洋各国、东南亚港口城市，进行不涉及国家关系的商人间交易。康熙二十三年（1684 年）以后，中国出海贸易全面开放。雍正年间，也因为李卫关于南洋贸易情况的通报，选择了放开南洋贸易禁令的策略。结果是 18—19 世纪，互市结构下中国与各国贸易，远远超过朝贡贸易。岩井茂树说，"如果不涉及这种历史性的变化推移，把所有形态的中国贸易都与朝贡联结起来，都看作朝贡贸易，恐怕会使得历史像产生扭曲吧"。又说，"如果不看到这些历史变迁的现象，认为清代的贸易和外交始终停滞在朝贡体制中，并根据这一思路，认为东亚近代的变迁，确实是从朝贡体制到条约体制的单线历史模式，这似乎不能免于一种'东方主义'的怀疑"(第33页)。

序章以下,岩井茂树在第一章讨论了明朝的朝贡扩大策略与礼制的霸权主义,第二章讨论了贸易垄断与明代的海禁政策,第三章讨论了边境社会与商业热(包括越境做生意的华人,在边境的商业热),第四章讨论了16世纪中国交易秩序的摸索和互市(讨论明代政策的变化,抽税制度的确立,"以不治治之"),第五章讨论了清代的互市和"沉默外交",第六章讨论了南洋海禁的撤销及其意义(其中涉及李卫奏折和雍正皇帝的朱批,这是一个转折),第七章(即"终章")讨论了互市的自由与隔离,并且在最后讨论了"朝贡、海禁、互市"之间的移动和纠缠,垄断的和自由的贸易,官方与商人的关系,以及由此造成的外交方面的消极性,等等。他试图给明清中国在政治上从宗主国到现代国家的转变,提出一个新的解释。他认为,朝贡体制的稳定秩序,仅仅存在于16世纪中叶之后的百年,到了18世纪,"东亚的繁荣与和平,并不依赖基于礼制的阶层秩序的恩赐,而是从这里脱开,依赖基于官僚与商人、商人与商人之间的共同利益,以及作为地区与地区之间的互通关系的互市所建立起来的秩序"(第322—323页)。

因此,他在终章中说:"中华帝国封闭了它朝贡体制坚固的外壳,而这一行为导致它与追求自由贸易的西方各国的对立——这种历史解释，离历史本像是不是有点儿远呢？我把东海、南海称为19世纪的自由贸易，是因为这里有一个作为自由贸易的互市制度。站在这样的历史理解上，（东方和西方）这两个自由贸易的差异是什么，应该可以作为进一步研究的课题"（第322页）。

2020.3.11

《论暴政》与《三个亡国性的主义》

耶鲁大学教授蒂莫西·斯奈德（Timothy Snyder）在其《论暴政》（*On Tyranny, Twenty Lessons from the Twentieth Century*）中提出了应从20世纪汲取的二十条教训：

1. 不要自觉驯服（do not obey in advance）；
2. 捍卫你珍重的制度与组织（defend institutions）；
3. 提防一党专政（beware the one-party state）；
4. 从生活小节中抵抗（take responsibility for the face of the world）；
5. 谨记专业道德（remember professional ethics）；
6. 警惕非正规武装部队（be wary of paramilitaries）；

7. 请拿枪的人时刻反思（be reflective if you must be armed）；

8. 站出来（stand out）；

9. 小心语言污染（be kind to our language）；

10. 相信有真相（believe in truth）；

11. 深究（investigate）；

12. 交换眼神聊聊天（make eye contact and small talk）；

13. 奉行实体政治（practice corporeal politics）；

14. 建立私人生活（establish a private life）；

15. 捐献公民社会（contribute to good cause）；

16. 向其他国家的人学习（learn from peers in other countries）；

17. 留神那些危险字眼（listen for dangerous words）；

18. 那一刻来临时，要沉着应战（be calm when the unthinkable arrives）；

19. 做一个爱国者（be a patriot）；

20. 尽你所能勇于面对（be as courageous as you can）。

作者在扉页引述波兰哲学家莱谢克·柯拉柯夫斯基（Leszek Kolakowski）的话说："政治中，受欺骗不是借口。"（In politics, being deceived is not an excuse.）

有人重提胡适所谓"三大害""五鬼"与"三个亡国性的主义"。胡适说："我们的大病原，依我看来，是我们的老祖宗造孽太深了，祸延到我们今日。二三十年前，人人都知道鸦片、小脚、八股为'三大害'；前几年有人指出贫、病、愚昧、贪污、纷乱，为中国的'五鬼'；今年有人指出仪文主义、贯通主义、亲故主义为'三个亡国性的主义'。这些话，现在的青年人都看成老生常谈了，然而这些大病根的真实是绝无可讳的。这些大毛病都不是一朝一夕发生的，都是千百年来老祖宗给我们留下的遗产。"（见《惨痛的回忆与反省》，载《胡适文存》第四集，第452页）

为此特意查了一下擘黄的《三个亡国性的主义》（《独立评论》第12号，1932年，第11—14页），原来擘黄就是唐擘黄[1]，是逻倚斯（Josiah Royce）《逻辑底原理》（商务印书馆，1930年版）、玛志尼（Joseph Mazzini，今通译为马志尼）《人的义务》（《万有文库》，商务印书馆，

1　唐钺（1891—1987），字擘黄，中国心理学奠基人之一，翻译家。

1936年版）的译者，1934年他还和胡适共同翻译过杜威的《哲学的改造》。据冯友兰回忆，在1923年，唐擘黄曾是很重要的人，曾经响应丁文江有关"人生观"的论战，难怪胡适会引用他的话。

2020.3.16

在鸟茶居与村井章介等见面

傍晚,羽田正带村井章介教授来研究室,聊了一会儿,我们即同坐出租车去了神乐阪的"鸟茶居"。

鸟茶居,在曲折上下的角落中,很雅致,但并不好找。羽田正住在附近,对这一带很熟悉,所以才预订了这家餐厅。

村井章介是第一次见面,他的书我倒是读了不少——在日本史领域,他非常有影响,也很有批判性。我给他的《古琉球》写的书评,他大概很有兴趣,今天特意送我一册《中世史研究的旅路》,是他的各种随笔、纪念以及会议感想的合集。我送了他一本《中国再考》和一本《历史中国的内与外》,因为他讨论"国境"(日语作"境界"),也有一本《中世日本的内与外》,我请东京学院特意购买了来看,据说有人要翻译成中文。

到鸟茶居后不久,张厚泉也来了。这是一家关西料理店，主打乌冬，前面上了各种日式菜肴后，最后是火锅乌冬，相当美味。

整个晚上乱聊天，说到中国学界的言论气候，说到鹿儿岛和冲绳，说到羽田去长野滑雪……村井章介不苟言笑，但比较随和，很沉着稳重，事后看他的自述，似乎年轻时代也是左派学生，参加过1968年的学生运动。

鸟茶居餐厅内

2020.3.31

神田川上樱花怒放

羽田正带我和张厚泉去看了神田川旁江户川公园的樱花。

樱花季节已接近尾声,但在绵绵小雨中,樱花仍然灿烂明亮。从川桥上看去,河岸边的樱花有如云霞,映在暗黑的水面上。再有一两天,大概河面上就会漂满花瓣,让日本人生出有关轮回和薄命的无限伤感。在神田川边闲走,想起这里有细川家的永青文库,也有细川家的庭院。据说,细川家族非常富有(前首相细川护熙即来自该家族,是九州岛一个大名的后裔),还给中国捐赠过不少善本。只是因为疫情,文库和庭院都不开放。

看罢樱花,走到早稻田大学附近的"金城庵"吃荞麦面,他们要了套餐(有面有饭),我要了大份荞麦面,加一个天妇罗虾,面很筋道。吃饭中,听羽田正说起他爷爷羽田亨(1882—1955)的日记(内部发行),也说到他父亲（羽田亨最小的儿子）当年从军之事。

回到神田川，走进椿山庄，这里的庭院相当漂亮，我2016年曾经来过一次，也常常在围棋刊物上看到它的名字——这是日本围棋经常举办头衔战的地方。这次重游，还是对山重水复的庭院颇为惊艳。小山上那座被列为重要文化财的圆通阁，据说是从广岛迁来的。山下叫作子孙树的樱花，则开得茂盛，老枝在水面上横斜旁出，把水面也染成粉红色。

神田川上櫻花怒放

四月

2020.4.18

疫情中的制度比赛

新冠病毒流行已经差不多四个月了。作为一个中国人，恰好在病毒流行时住在日本，在日本疫情防控越来越紧张的情况下，或许我这种特别的位置，可以让我从某个特别的角度来观察此次疫情。

每天通过电视、报纸和互联网观看欧美和日本的疫情新闻，让人特别注意到的是，在面对疫情的时候，世界各国的处理方式有明显的差异。这种差异并不能完全归为医学问题，也是制度与文化问题。如果只是医学问题，大家都会同意面对病毒传染必须诊断、隔离与治疗，最多只是诊断、隔离与治疗的方法不同。但由于政治制度的不同，在诊断、隔离和治疗方面就出现了相当不同的方法和取向。

这里的区别包括：（一）在疫情信息的通报方面，是政治考虑优先还是民生考虑优先；（二）在疫情管理的政策方面,是由官员主导还是由专家主导;(三)在隔离与治疗方面,是在疫情暴发后对城市、社区、个人进行强制性管理,还是政府通过劝告与说服达到阻隔传染的目的;(四)在疫情防控期间,是由中央政府对地方采取统一强制策略,还是任由各地区根据地方情况采取不同策略。

因此,这也是一次制度的比赛,也许会影响到今后世界对于制度的选择和认同。近日,有一篇评论文章提到"如果西方输了会怎么样",这让我们看到,通过这次席卷全球的疫情,学界已经出现了不同的思考方向。其中值得注意的是:(一)有人认为,疫情过后中国这种集权而有效的制度将会胜出,他们把福山所谓"国家治理能力"理解为"国家控制能力",而且期待中国取代美国,改变世界秩序,成为新的全球领袖;(二)也有人认为,由于这次疫情,第一波全球化就会结束,各国通过对疫情的控制,重新回到本国中心主义,在特朗普当选、英国脱欧之后,全球化遭到更严厉的挫折;(三)还有人认为,这次疫情之后不是全球化的退潮,而是会出现全球"去中国化"的现象,这一方面是因为对"冷战"结束以后民主制度全球胜利的乐观主义反思,另一方面也是对经济全球化过度乐观的反省。

下了一天的雨。东京今年春天的气候真是反常。沿着不忍池西侧,一路走到根津神社,那里的映山红,也就是杜鹃花,开得灿烂极了,在一片森森然黑色的神社背景中,似乎有跳进眼睛的明亮。日本人特别精心细致,有意把不同颜色的杜鹃花,布置成五颜六色的拼图,白的白,红的红,紫的紫,衬以绿色的叶子,把半边斜坡都变成一幅美丽的挂毯,加上密密麻麻排列蜿蜒的红色鸟居,真是赏心悦目。

根津神社五颜六色的杜鹃花

2020.4.19

一日三游

阳光好极了,住处对面心城院的台阶上,一个虔诚的男子双手合十,不知在默祷什么,一动不动地站了足足一个多钟头,想来一定是有难解的心事,来这里祈求观音开解。他已经来过好几次了,每次都肃立许久。最近疫情之下,日本很多中下层民众生活难过,我猜想,他也一定有他无法排解的困难。

今天一日三游。午饭前,去了汤岛圣殿(孔庙与斯文会)看看,天非常热,我没有穿大衣,但仍然出汗。十五分钟左右就走到了那里,看到斯文会旁边的"仰高"门关着,也因为新冠病毒流行而封闭了。只能经过神田明神回来。神田明神那里倒还开放,便看了看"国学发祥之碑",也看了看已经满开的紫藤,想到北大老燕京校园的风景。下午,又到上野公园走了一圈,因为暖和而有阳光,所以到处是游人。游人似乎满不在乎政府的警告,甚至也不戴口罩，有几个西洋人在草地上则干脆铺开了吃食。只是所有博物馆都贴了告示，宣布暂时闭馆或中止计划，其中，原定的波士顿美术馆的展览很可惜也中止了，不知道要浪费多少钱。

晚饭后，再上到汤岛天满宫，沿着空寂无人、灯光灰暗的小街，围着汤岛这个区域走了一周，偶尔遇到人，也都戴着口罩默不作声，让人略觉恐怖。

汤岛圣殿的大门紧闭

2020.4.20

和羽田正讨论"暗默知"

到学校研究室。龙冈门两边的杜鹃花开得灿烂,门卫似乎已经不太检查和登记了,看来对新冠病毒的警惕心已渐渐松弛。长期抗疫的策略,就怕时间一长就松懈。

羽田正与张厚泉来。我和羽田谈他的《全球化与世界史》,该书已经译成中文,明年将在复旦大学出版社出版。我们约了今天讨论,事先我写了一些阅读意见,他也准备了一些回应。

首先,羽田正针对我对《全球化与世界史》提出的两个疑问,做了一些解释:一个是日本历史三分法的"暗默知"[1]是否有问题;另一个是1700年之后四个关键时代,用旧帝国、新帝国、民族国家和现代国家这类概念的政治

---

[1] 来自卡尔·波兰尼的区分。暗默知(tacit knowledge,或译为隐性知识)与信念、视角、价值观等精神层面有关,与可以用言语、文字或符号加以表达的形式知(explicit,或译为显性知识)相对。

史趋向是否仍然受到西方影响。他说同意我的说法，但强调，全球史或新世界史不能面面俱到。

其次，他看了我的论文《传统中国史学中的世界认识》，很好奇晚清民初西方传教士带来的世界史著作对中国的影响，并追问：这里说的"万国""世界"是否也包含中国？为什么和日本不同，这些世界史居然都是出自传教士的翻译和写作？我回答说：第一，传教士欲纠正中国传统总是以中国为最大的观念；第二，19世纪后期20世纪初期，在中国的传教士及租界多有印刷出版；第三，外国传教士与中国教徒可以愉快合作。为此我问他，为何日本的德川时代禁教极为严厉，另类思想知识却还有空间（如兰学、南蛮之学），而清代传教士始终可以在皇城北京存在，思想知识却要到鸦片战争之后才得到传播？这是否涉及外来知识受容的"整体主义"和"实用主义"之中日差异？

再次，关于暗默知，我强调最重要的是，反省各自不同的"暗默知"，特别要反省本国学者不易察觉的"基本预设"，以及它们是如何影响各国的学术研究。举例而言，日本史学界（村井章介、冈田英弘）可以轻易地去除"自古以来的日本"观念，甚至冈田可以说"古代倭国是中国史（或者中国）的一部分"这样的话，可见在日本，国家之前的历史,并不一定以完整国家出现,已经是常识,但在中国,这种说法会受到传统暗默知的抵抗。

他同意我的看法。

2020.4.21

怎样评价冈田英弘所著《日本史的诞生》？

早餐后去东京大学,偌大的校园里空无一人,显得很寂寥,但各处的杜鹃花却开得热闹。从龙冈门进去,经医学院、图书馆到安田讲堂,总共遇到的人不过三四个,都戴着口罩,行色匆匆。进入四月,疫情依然严重,安田讲堂前那棵巨大的古树,叶子已经变得翠绿,看到景色变换,不由得有些伤感。

在研究室读冈田英弘的《日本史的诞生》(《日本史の誕生》,さくま文庫,筑摩书房,2008年版),随便记下一些感想。

这次到日本,打算多读日本学者的日本史著作。在阅读中越来越感到,日本史学界对"自古以来的日本"这一说法并不那么敬畏。前些天,读村井章介先生的《古琉球》,我还特意写了一篇长书评(后来发表在台北的《古今论衡》三十四期),他就认为,17世纪之前,北海道、对马岛、琉球都不应算在古代日本范围中。老朋友京都大学平田昌司教授更是和我在邮件中聊天,趣说在日本学界看来,琉球原来就是一个被日本侵略的外国。著名记者辻康吾先生看了我的书评后更直言,没有任何一个日本学者会误读日本现代国家之前的日本史,把这些地方说成是日本自古以来的固有领土,所以,一定要有历史意识,分清"前国家史"和"国家史"。

冈田英弘大概也是这样。如果你看到冈田英弘在《日本史的诞生》中居然说,"倭国是中国世界的一部分""邪马台国是中国的一部分",大概中国读者会相当吃惊。其实他要说的,只是一个历史过程。也就是古代倭国或邪马台,本来是在中华世界的历史记述中,作为"华夏边缘"(借用王明珂的说法)被呈现的。一直到7世纪后半,由于来自外部的压力,日本国才逐渐形成了"日本意识"。由于《日本书纪》之类的史书(其实也是袭取中国史书)从历史上确立了日本,这时候的日本,才真正成为日本。那么,中国史书如《三国志·东夷·倭国传》中记载的卑弥乎、倭国邪马台,按照冈田英弘的观点,那时候还不是"日本",所以,应当是中国史书中的中华世界的边缘。即使7世纪这个时候的日本,也不过就是大和朝廷控制下的那些地方(即所谓"畿内大和政权"),而日本人也是五方杂糅,日本语也是各种语言的混杂。更令人吃惊的是,他甚至夸张地说,日本早期建国者乃是"华侨子孙"(第55页)。

这就是他要说的"日本史的诞生"。中国学界由于"新清史"的缘故(特别是他是欧立德的老师之一),对冈田英弘有不少非议,因而连带地对他宣称"蒙古时代是世界史的开端"等观念,也相当不满或不屑,觉得他有什么阴谋或图谋。其实,如果看到他对日本自身历史的叙述,就可以知道他的历史观只不过是三句话。第一,要把日本、中国的历史重新放在全球或更大区域中审视;第二,要改变现代国境对古代历史的切割;第三,要把以欧洲为中心的世界史,移动并放到以中欧亚为中心的背景中去。正如他自己所说,"如果想要书写一个日本在适当位置的世界史,那么,要超越日本的国史、韩半岛的国史、中国的国史这种结构,只能从欧亚大陆与日本共通的视点出发来撰写"(第20页)。

当然,为了强化他的立场,有时候他对中国文献的解释,就过于大胆和过于想象化。他对汉文文献的解读远不是那么严谨。比如他说,《三国志·倭人传》最重要的意义是,"对于3世纪的中国来说,日本列岛意味着什么,这才是根本的问题"。下面笔锋一转,冈田谈到对所谓"历史",日本的"私小说式"的认识,和中国史书完全不同,他举《明史·日本传》有关织田信长与丰臣秀吉的故事为例,认为历史学家们把《三国志·倭人传》当作毫无疑义的历史记录,从而争论"邪马台究竟在哪里"这样的问题,其实是有疑问的。到此为止好像还是对史料的质疑,还有点儿道理,但下面的推论就不免走过头。他判断《倭国传》的基础资料来自240年梯儁与247年张政两次出使日本回来后的报告,可是,由于前者是带方太守弓遵的系统,而后者是带方太守王颀的系统,两个人对倭国的事情进行了完全不同的描述,但由于《三国志》的作者陈寿综合杂糅了这两次报告的内容,于是这篇《倭人传》内容有疑问。这就有点儿大胆的猜测了。因此他断定,《倭人传》最重要的意义,不是它记载的情况真实准确,而是它证明了"早期日本人,从纪元前2世纪末尾,进入中国的支配下,差不多有四百年以上的时间里,以汉语作为公用语言,并在中国皇帝的保护下和平生活。从纪元4世纪开头,中国进入大变动时期,由于皇权失落,日本才走上政治独立和统一国家之路,从此形成独立的日本文化"。这个跳跃有些过大,梯、张二人是否有过报告,陈寿《三国志·倭人传》是不是综合了这两份报告,至今还无法证明。至于他进一步认为,日本早期建国者是"华侨子孙",并在第一章的结论中斩钉截铁地断定,"一言以蔽之,日本的建国者是华侨，日本人在文化上是华侨的子孙，这一点亚洲任何国家都是这样，不必对此大惊小怪"，似乎更是主观臆断。读他这本书，确实感到冈田的论述有很多想象之词，比如讲到日本使臣到中国，"旅行的经费全部由中国方面负担，进入洛阳，在入城之际，中国兵前后护卫，打着'倭人朝贡'的旗帜，乐队也热闹地走在都城大道上，民众人山人海地围观，感受皇帝如何以德怀柔远人"，这就有点儿像戏说。不过，如果了解他的意图是瓦解后设的国家历史观的局限性，也许我们通过这些包含错误的历史论述，可以了解他强烈和固执的历史观念。

所以，怎样评价冈田英弘，其实还是要平心而论。

2020.4.24

东京学院"identity"视频讨论会

疫情防控期间,东京学院的"identity"讨论会只能通过视频举行。今天是院里的三位年轻人主讲,每人讲二十分钟,然后大家讨论。

我对一位来自多伦多大学的博士后迈克尔的发言很有兴趣。他说的是关于日本如何处理阿伊努人的态度问题。这也让我想起贵州的苗族。明清中国在15—19世纪的四百年中,一直在试图把苗族地区整合进帝国版图,把苗彝纳入编户齐民。明清采取的是三个方法:由中央委任长官来管理地方;把苗民变成编户齐民(户籍),即向政府纳税的人(纳税);通过科举、学校等文化教育同化。但似乎在政策上,明清帝国和现代日本好像有一些不同:最初明清对苗疆实行的是行政双轨制(土与流,中央直接派员控制与土著某种程度的自治相结合);明清纳税的单位不是"人",而是"户"(丁,家庭)和"田"(拥有土地面积，摊丁入地）。

因为有这一对比，我的问题有两个：

一、为什么传统的明清帝国与现代的日本国家（也包括其他现代国家）一样，都追求帝国／国家内部民众的同一化？传统帝国和现代国家在这方面有不同吗？如果明清帝国这种方式类似现代国家，那么，是明清帝国有着不同于世界上其他帝国的特殊性（很现代）吗？

二、明清帝国在民族问题上的"双轨制"和近代日本处理阿伊努人的政策有什么不同？如果不同，那么，两者对待边缘民族的制度在解决"身份认同"问题方面会有怎样的后遗症？

这些问题其实很大。

2020.4.26

说"同"

有朋友来信,和我讨论丸山真男、黑住真的著作。我回了一封信,摘录其中部分内容如下:

您问我,丸山真男是否有些把德川时代的朱子学过于夸大为思想史的主流了?这个批评,我想基本是正确的。渡边浩的论述最清楚,他也使用了您所说的教育史资料,即藩学的统计。他说,1687年,在两百六十多个藩中,只有四个藩设有藩学,到1715年,设有藩学的藩也只有十个。所以,丸山对朱子学在德川时代的影响确实有点儿夸大了。这一点,跟平石直昭先生论文中引用的津田左右吉的看法,大概可以互相补充。但我更要强调的是,作为学术史,特别应当强调"典范"的意义。在1952年丸山真男《日本政治思想史研究》出版后,丸山给出的思想史模型有非常大的示范意义，不仅（一）提供了一个近世政治思想史的清晰脉络（从朱子学到古学到国学，逐渐凸显日本思想的主体性及近代性，这也是后来日本思想的矛盾所在），而且（二）强调了自然、社会与人不同领域逐渐"分化"的重要性（打破天理笼罩一切，以及权力对"天理"解释的垄断），（三）肯定了"走向近代"的意义（这就是现在批评丸山的所谓"近代主义"）。

其实，和梁启超的《清代学术概论》一样，丸山史学就是近代政治思想史学从传统到近代转型的一环。现在的学者，尤其是日本学者都很想超越丸山，但我怀疑能否整体超越。大家能够意识到丸山真男在"他那个时代"思想史和学术史上的典范意义吗？我是比较保守的，不大赞成为了"花样翻新"而批评前辈，特别是我们现在仍然在"走向近代"的延长线上。

想起identity的讨论，随手又写了下面一节。

identity，中文翻译为"认同"，这特别有意思。因为从这个词语的字面意思背后，可以了解中国人如何看待"我者"和"他者"的关系，以及如何可以建立"共同体"

的看法(也就是"认同")。如果说"认"在中文里包含"承认""寻求"的意思,"同"则是一个更重要的概念。

古代中国人常常讲:(一)同姓(同宗),是指同一个姓氏或同一宗族(共同的祠堂与墓地),这是从"血缘亲近"引出的亲近感。(二)同乡,是指家乡在一处的,这是由"地缘接近"引发的亲近感(以前有同乡会、同乡会馆)。(三)同学(同窗、同门、同榜),同学或同窗是指在同一学校甚至班级中出来的,同门是指共有一个老师指导,是师兄弟的亲近关系,同榜是指古代科举同年中秀才、中举人或中进士的,因为出自同一个主考官,也似乎有师兄弟的关系。(四)同好,指的是有相同癖好的人,这一点也能引起彼此的某种亲切感。(五)同袍,指的是军队中共同战斗的兄弟。(六)同志,指的是有共同理想和目标的人,这是现代概念(现在又有了"同性恋"的意思)。

其中,除了现代常用的"同志",对于构筑传统中国群体意识而言,最重要的大概是"同姓"与"同乡"(这和有人说的德国对于雅利安人的认同主要依赖"血"与"土"是一样的)。从这两者可以看出,传统中国社会共同体的特点是:宗族与乡土。从宗族的重要性,你可以联想到为何"出身""宗亲""名门"(如"琅琊王氏""博陵崔氏")在中国很重要,为何古代中国的"家谱""族谱"很发达。但与此同时，从同乡的重要性上，却也可以联想到为何传统中国讲究"本贯""郡望"，为何有"远亲不如近邻"之说。

2020.4.27

读《羽田亨日记》

前几天看了原田真人执导，役所广司、本木雅弘与松阪桃李主演的《日本最长的一天》。这部电影反映的是 1945 年日本战败投降的经过，其中讲到铃木贯太郎（1868—1948）接任内阁总理主导接受《波茨坦公告》，也讲到天皇御前会议的决定、陆军的激烈反应，以及陆军大臣阿南惟几大将的自杀等，呈现了 1945 年七八月间日本上下对战与和的纠结。所以，特意看了看《羽田亨日记》（京都大学大学文书馆，内部印行，2019 年版）中 1945 年的部分，目的是想了解一下当时的日本东洋学家们在战争最后时期的心情与动向。

羽田亨是一名杰出的学者，其《西域文化史》是非常精简扼要的佳作。他并不是极端的日本军国主义者，但和其他一些东洋学家一样，都有出自本能的（这就是"爱国主义"能够裹挟大多数人，并且使他们都陷入非理性的原因）那种所谓的日本"爱国主义"。在这一点上,他不如他的好朋友、东京大学教授池内宏(1878—1952)——池内宏敢在东大的山上会馆当着多人的面,公开批评帝国入侵中国就像丰臣秀吉一样必定失败,并且因此被捕下狱,捍卫了日本知识人的良知和理性。

1945年,由于战况已经逆转,日本节节败退,作为京都帝国大学的校长,羽田亨不免忧心忡忡。从日记中看,他每天都在关注战场上的情况——面对盟军尤其是美军的进攻,他感到了巨大的威胁。3月21日、23日到4月9日,看到美军进攻硫磺岛,最终日军全部战死的消息时,他在日记中两次把这一战役比作13世纪的"元寇",却完全忘记了战争的缘起并不是外国入侵日本,而是日本侵略他国。那个春天虽然依然樱花艳丽,鸭川水暖,但是用他日记中的话说,却是"樱花渐开,但人心阴惨"。

那时,美军已经开始轰炸日本本土,羽田亨在日记中经常记载他们听警报躲避轰炸的情况,也经常提及各地遭遇轰炸的消息。据一种传说,其实当时盟军接受了梁思成等人的建议,对古都京都的轰炸相当小心,虽然偶尔也有象征性的轰炸,但是比起几乎夷为平地的东京来,情况似乎好多了。但他作为校长,常常要到东京开会,因此在日记中,我们也看到了日本当时的窘境。像他对东京惨状的记载，就常常让人看到那种本土被炸的消息。2月28日，他到东京开会，下榻学士会馆，看到原来繁华的神田化为灰烬，而他又加上一笔，说最严重的是上野站——我们如今恰恰就住在上野站的附近。

这一年的5月15日，他刚好六十岁，可是这个"还历"之年太不平静。他在4月24日的日记中记下苏军进入柏林，5月10日又记下了德国投降。显然，他已经预感到日本的命运。但是，作为日本京都帝国大学校长，他的心里仍然只能选择日本立场，满心焦虑地看着战争的延续却无可奈何。一直到"日本最长的一天"，也就是从每况愈下的7月27日起，羽田亨的日记中断了，留下了差不多整整一个月的空白。或许在这个纠结痛苦的"最长的一个月"，他已经无心写日记了。直到8月26日，他才重新拿起笔，写下了他对战争与投降的回顾和心情。回顾这一个月的巨变，虽然他对旨在保护国民生命和日本民族存在的天皇诏书"垂头无一言"，但仍然对苏联突然向日宣战（8月8日）十分愤怒，觉得这是日本战败的关键（《日本最长的一天》中也有这个看法），对广岛、长崎的原子弹爆炸（8月6日、8月9日）也耿耿于怀，觉得"忍无可忍，耐无可耐"。到了9月2日，重光葵代表日本在"密苏里"号战舰上签署了投降书，他对这次"调印"感到满心的委屈和怨愤，并在日记中说，这是"盟军的光辉与光荣，而对日本来说，则是痛恨的耻辱之永恒纪念日"。他只是希望这一耻辱，今后能作为反省的资料。

说到反省，公正地说，羽田亨是学者，并不是军国主义者。他也同意，二战时期日本政府的"箝口令"，包括言论压制、集会不自由等，也是失败的原因；而他对文部省要求处罚的有马克思主义倾向的教授石川，也能采取曲线保护，最终还聘任后者为人文科学研究所研究员，从这件事情上，也可以看出他毕竟是学者。但让人反思的是，学者应该怎样超越政治、洞察是非，用理性摆脱非理性的所谓"爱国主义"，这好像还真是困难。看到1945年8月之后，羽田亨日记中无可奈何地记载一个个日本高官的"自裁"，能感觉到他心里的痛苦和纠缠。

这一年，他辞去了京都帝国大学校长一职。

2020.4.30

沙培德的书评

韩嵩文教授给我传来《二十世纪中国》(*Twentieth Century China*) 第45卷第2期上的英文书评 "What do Chinese Intellectuals do These days," pp.209-217),沙培德 (Peter Zawrow) 写的。我过去见过他,原来是"中研院"近史所的研究员,现在美国康涅狄格州立大学当教授。

在这篇书评中,他一次评论了三本书,除了我的《何为中国》英文版,还有埃尔丝·范东恩 (Els van Dongen) 的《现实的革命》(*Realistic Revolution: Contesting Chinese History, Culture, and Politics after 1989*) 和魏简 (Sebastian Veg) 的《民间:中国草根知识分子的出现》(*Minjian: The Rise of China's Grassroots Intellectuals*)。范东恩的那一本讨论的是 1989—1993 年间中国知识分子各个派别的转向,及其对激进主义(也包括激进的自由启蒙思潮)的共同批评;而魏简的那一本讨论的则是学院之外的各种草根

(其实并不是草根,像贾樟柯、韩寒等)的思想动向。沙培德在概述了我对"中国"的历史论述之后,认为我"试图在全球化、"普世价值"与中国性之间找到平衡"。

《何为中国》英文版出版两年,已经有包括黎安友、周锡瑞、杜赞奇在内的学者,以及包括乔治·沃尔登(George Walden)在内的政治评论家的十几篇英文书评,各种说法都有。其实,书出版之后就不再属于作者,作者就仿佛钱锺书先生说的那只下过蛋的母鸡,要习惯于平心静气地听人们对鸡蛋评头论足。

五月

2020.5.1

听星岳雄教授讲述日本的人口与经济

今天,东京学院的特任教授星岳雄(经济学家)在茶会上讲日本的人口与经济。

他反对某种流行说法,也就是:(一)日本人口的老龄化、劳动力不足和赡养负担会带来经济衰退;(二)边缘地区向东京都这样的大城市集中造成了边缘地区经济下滑。他认为,这两种说法都是错误的,并用统计数字表明,实际上人口向东京这样的大城市集中的趋势在减弱,而且他主张,应当鼓励人们向效率高的大都市集中(附带的是,东京大学应当回应希望入学的人们,扩大招生,以让他们进入东大)。

讨论中,我提的问题是:(一)过去二十多年,中国有三到四亿多的人口从农村到城市,确实刺激了经济发展,您认为还应当延续这个趋势吗?(二)在市场经济、全球化的秩序下,这种向大都市集中的趋势可能会刺激经济发展,但是如果出现目前这种疫情危机,出现"逆全球化"趋向,这种通过人口向大都市集中而刺激经济发展的情况会不会改变?

他主要回应了第二个问题,但也说目前还没有答案。他说,因为疫情确实会让大家觉得,在家也可以工作,所以无需集中在大城市。他也说,因为此次的经验,人们也许会重新思考居住地与工作地的关系(关系可以不那么直接),这也可能会影响人们对居住地的选择。因此,地方城市而不是超级都市,或许会出现人口流入。

我再次回应说,如果各个国家开始担心像这次疫情一样突然而来的危机造成全球产业链断裂,把各种物品生产都转回国内,全球贸易需求下降,那么,大都市还会有这么多机会和生机吗?就像现在很多大都市因为工厂、公司停工造成大量员工失业一样,那个时候,大城市的生活成本会很高,而就业机会将变少,这会不会造成反向流动?这个问题我是通过 Zoom 网络会议室旁边的聊天框提出的,所以星岳雄教授没有回答。图宾根大学的萨博教授则认为,欧洲严重缺乏技术工人,仍然需要与中国合作,全球产业链不会撤出中国;东京大学的大竹晓教授也认为,恢复正常生活之后,人们还是要买中国的产品。

我回应说,他们也许比较乐观,而我却没有那么乐观。

2020.5.2

读冈本隆司《中国全史》之一

读冈本隆司的《中国全史》。本书的日文书名是《世界史とつなげて学ぶ・中国全史》(东洋经济新报社，2019年版)，意思是"与世界史联系起来学习·中国全史"，英文名却是 Brief History of China，意为"中国简史"。这是一本志向很大的书，也有一些很有趣的想法，但"全史"二字却不一定名副其实。由于涉及面太大，时间太长，试图兼容世界史与中国史的重大问题，任何作者都不免力不从心。特别是，我感觉他太想建立新说，然而只能多依赖二手材料，因此在我看来，此书有意义但并不算很成功。我认识这位1965年出生的作者，他是京都府立大学教授，最近这些年著作很多，在日本学界影响不小。

接连阅读了好几天，下面依历史线索一一讨论（这是我阅读中的随手摘录，也包括随时想到的问题）。

他一开始就讨论从黄河文明中诞生的"中华"，并且提出"干燥地区与湿润地区"的二元空间结构，其实指的就是"文明"在农耕与游牧交流地带产生，以及彼此对峙。他之所以宣称他这本书写的是"世界史中的中国"，一个背景就是引入日本史学界流行的"欧亚大陆"（Eurasia）的说法作为分析框架。所以，他引用梅棹忠夫1974年《文明的生态史观》所谓亚洲的"文明地图"可以一分为四的说法，认为中亚的帕米尔高原是15世纪前世界史的中心，以它为中心划世界为四（第25—26页）。其中，除了第三部分是人烟稀少的北亚之外，一是敦煌以东的东亚，二是恒河、印度河流域的南亚，四是从土库曼斯坦木鹿（Merv）向西，中亚草原到西部水源丰富的广大区域。其实，在一百多年前（即19世纪末）的桑原骘藏《东洋史要》的一开头，就这么讲过了。

但问题是，"中国史"与这个"世界史"究竟有什么有机联系呢？他说古代中国文明是欧亚文明共同发展过程中的一个，但是这个说法太正确了，太正确就等于什么也没有说。毫无疑问，中国就像其他文明一样不是单独繁荣的，但他并没有举出特别具体的证据，说明这四块区域文明之间的互动，究竟给此后的中国文明带来什么，只是蜻蜓点水般地点到为止。当然，他在书中也匆匆说到游牧（北方亚洲）与农耕（东部亚洲）之间的交错,中国文明受到西部地区(第四区)最早发展的文明之影响。有意思的是,他特别提及美索不达米亚的苏美尔、埃及、叙利亚以及地中海周边的希腊,文明在古代都缘起于都市国家,并且影响到南亚(第二区)。说到这里,他又转回头说,中国由于"地理的孤立性",东亚(第一区)是否受到这种影响,黄河文明是否受到什么影响,是很难实证的(第28页)。这等于是表面上把中国文明的缘起,放在宏大世界的背景下,但又没有什么实在的论证,只是为了制造一个世界史背景而描述世界史背景。

特别不可理解的是,为了与西部世界所谓"都市国家"文明形态相呼应(虽然他也承认没有影响的证据),他引用宫崎市定的说法,说古代中国也是经由春秋战国时期无数种都市国家(邑制国家),在外夷的刺激(外夷のおかげで)下,经由秦始皇时代的大统一后形成的。这样一来,中国史似乎和世界史就有呼应了。我当然可以同意实质意义上的"中国"诞生是在秦汉帝国时代,但这里有两个问题还需要讨论:

第一,既然讨论古代中国早期,为什么冈本隆司不讨论殷商与西周这两个时代?我觉得,这两个时代的核心区域,虽然所谓"中国"还没有"日出东方",但实际上已经从"满天星斗"[1]逐渐转为"月明星稀",就算殷商不能真正控制大部分"华夏",至少西周封建诸侯在所谓的"九州"已经初步有了共同体纽带。秦汉之所以能够统一形成中国,就是在这个联系基础上的,并不能说春秋战国还是完全"独立"和"分散"的都市国家时代(第33页)。

第二,"中国"的统一或者说"中华"的诞生,是不是由于"外夷"?我的看法是,论证这个问题的时候,冈本隆司恰恰无形中受到本质性"中华"或"中国"的影响,从而把"中国"与"四夷"对立起来,觉得"中国"内部的同一性乃是在"四夷"的对照或冲击下形成的。其实在春秋战国时代,华夏与夷狄在后来所谓中国之范围内交错混杂,像陆浑戎就在周王之侧。他们在当时逐渐地融合和冲突,像统一华夏的秦国,其实就是"西戎",而七雄之一的楚国,其实就是"南蛮"。中国在秦汉形成统一,未必是"中国"之"外夷"刺激的结果,至少那种外部他者的压力,并不是中国统一的根本动力。

当然,所谓秦楚齐晋等同源的历史,只是后来司马迁《史记》等一系列论述塑造成形的,《史记》中所谓"其先出于颛顼""其先出于帝喾"之类的说辞,当然是后来的,

---

[1] 语出考古学家苏秉琦先生,他认为新石器时代的中国,直到夏商时期,同时存在众多发展水平相近的文明,他形象地称之为"满天星斗"模型。

但商周长达千年的历史，确实也把它们连在了一起。"中国"真正在外敌压力下凝聚、统合、成形，恐怕要到秦汉与匈奴对抗的时代，才真正明显起来。所以，历史上的中国，还是从"满天星斗"到"月明星稀"再到"日出东方"，而中国之诞生，恐怕不仅要考虑三代共同体的共通关系，还要寻找外夷之外的历史原因。

2020.5.3

读冈本隆司《中国全史》之二

今天继续读冈本隆司的《中国全史》。

关于秦汉历史,这部书似乎太忽略了。在世界史背景下讨论"中国史",其实对秦汉是要大书特书的。比如,"车同轨、书同文、行同伦""郡县制""霸王道杂之""以儒为吏""士绅阶层"等,对中国的"历史"和历史的"中国"都有决定性的意义。如果与古罗马帝国、波斯帝国对比,也许可以写出很好的"世界史背景下的中国史",因为保持"政治差异性"的罗马帝国和追求"政治统一性"的汉帝国,正好是世界史中两种不同风格和取向的"帝国"类型。可是冈本隆司此书一下子就跳过去,从第一章讲"中华诞生",直接就讲到第二章"寒冷化的冲击:民族大移动与混乱的三百年",也就是我们通常说的"五胡十六国到南北朝"。于是在这本书中,秦汉四百多年(即前221—220)的历史就几乎不见了。

当然，环境、气候和贸易，是现在历史学特别是全球史影响下的时髦领域，也是丰富历史分析的新鲜元素。欧洲的所谓"蛮族入侵"与中国的"五胡入华"，确实同时出现在 4 世纪和 5 世纪之间，也确实造成了世界历史的大转折。但任何新角度都不可过于夸大，而把它们变成了"决定论"。冈本隆司显然深受这些新方法影响，为了与"欧亚大陆"历史观，以及干燥地区与潮湿地区对峙、交错和冲突的说法相配合，他从气候开始说到这个时代"邨"的出现之意义，其实我觉得有些标新立异，也有些逻辑跳跃。在这一基础上，他还特别强调，即使到了南北朝，中国也还是"小规模势力分立"的时代，也许这是要和后面所说的"名门""贵族"在政治上的重要性相联系？我不是很能理解他这些说法的真实意图。

他总结这一段历史，说"中国社会在对应气候寒冷化的过程中摸索，逐渐生出城壁都市和村落两种聚落类型，生活样式、劳动形态、人际关系、身份构成等渐渐改变，这一结果使得政治性地域集团不断分离与冲突、离合与聚散，同时又实现了复合型的、多元的社会。这是在面对世界寒冷化危机中，中国给出的答案"（第 64 页）。我对前面这一大段社会史的变化描述没有异议，但问题是，为什么这种社会史的变化一定是在回应寒冷化的气候呢？

讲隋唐历史在这本书的第三章。对于隋唐史，他先讨论隋、唐逐渐形成两个首都（从隋代大运河与扬州说起，讲经济都市与政治中心，又转回唐代的长安与洛阳，讲到控制全国的需要，以及高原生产力和低洼地的生产力重心转移），然后讲唐代疆域扩大，与游牧圈、佛教圈的纳入，再讲多元国家与多种宗教的形成，粟特人支持的唐代繁荣，以及成为国际都市的长安。又讲到如何利用佛教统合国家（称为"金轮王"的武则天），一直到"安史之乱"及唐王朝的解体。其间虽然论述也有偏颇或不足，但看上去似乎没有很大的问题。然而，第四章接着讲"从唐到宋：对外共存与经济成长的时代"，过早地把"8世纪到9世纪"（也就是盛唐到中唐）当作唐朝解体的时代，这种提前预支的说法，让我们这种历史研究者觉得过于突兀，对普通读者似乎也还无伤大雅。

但问题是，这个"8世纪到9世纪"在他的书中似乎没有多少存在感，这恰恰是一段不应当空白的空白。其实，755—1005年这两个半世纪，正是中国史大转折的过渡期，写《中国全史》的他却马上跳过去，立刻用一个"10世纪后半叶的伊斯兰圈及其周边"的地图，开始讨论中亚的动向，接着又以"温暖化下人类活动的活跃"为题，讨论为什么突厥系游牧民族（即回鹘人）逐渐从东向西移动，开始定居生活。这似乎和我们了解的历史脉络有点儿脱节？其中有一个问题，很让我心存怀疑，那就是唐开成五年（840）漠北回鹘溃散，庞特勤带领回鹘西迁，在今新疆一带定居，形成西州回鹘或高昌回鹘，对于这个当然很重要的历史事件，冈本隆司为什么不太考虑族群之间的冲突与战争因素，却更要提出来环境和气候对历史的影响？

（一）他认为，因为气候变暖，过去缩小的草原又扩大，游牧民的活动活跃起来，而且因为欧亚全境，本来就是西方比东方富饶，所以，游牧民族向西迁徙（真的是这样吗？何况回鹘西迁还没有迁到他说的"西部"）。

（二）他认为，这个时代小国分立，这是可以考虑的一个背景。他认为，寒冷化是东西方大食与唐两大帝国成立的原因，气候变暖则是这个现象开始变化的原因，使得亚洲重新进入多元化时代。（可是这与回鹘西迁有什么关系？我还是不清楚。）

（三）下面他又讲到蒙古、契丹、女真在东亚的兴起，我没有看得很明白，似乎意思是这些崛起的族群使得突厥系回鹘人逐渐西迁。（真的是这样吗？其实，突厥系的沙陀人入华、东部契丹人和女真人的相继崛起，都很重要，难道这些都和气候有关，甚至气候是决定因素？）

我总觉得，冈本隆司把历史与气候变迁挂钩是一个新尝试，可是，这种过度强调气候变迁决定论来重写历史的方法，究竟有多少史料根据呢？

2020.5.4

读冈本隆司《中国全史》之三

继续读冈本隆司的《中国全史》。

同样的问题出现在讨论"唐宋变革"的部分。过去内藤湖南、宫崎市定讨论唐宋变革时,比较注意政治领域从贵族社会到平民社会的变化,君主独裁制与士大夫参与,以及文化领域的文艺复兴等。而冈本隆司的路径不同,他还是试图用最时髦的气候、能源、经济因素来重新定义"唐宋变革"。所以,在讨论"唐宋变革"的时候,他特别强调了五个方面:

一是"能源革命"。令人不解的是,他说到五代十国分割独立的时候,有意不从政治史角度去讨论安史之乱以后的藩镇割据和异族入华(这是传统说法),而把这种政治上不安定的"要因之一",归结为各地独自的经济成长,而经济独自成长的"原动力",他说"恐怕是能源革命"(第99页)。然后,在阐发了一通人类进步发展主要就是能源革命之后，他认为，由于中原的森林资源开采过度，能源紧张，而这个时候开始利用煤，能够生产更多的金属，制造武器与工具，农业生产力得到提高。可是，他不仅始终没有讲到这一能源变化与五代十国的分裂和变动有什么直接关系，也没有具体论证在宋代（以及同时代的契丹、女真、蒙古等），煤作为燃料的使用比例究竟是多少，是否已经真的取代木柴，更没有说明这种取代带来什么后果，为什么导致历史变迁。

二是"水田化与人口增长"。他虽然用两个图表说明了南方中国人口的增长，以及南方稻作地区的发展，说明经济重心从北方转移到南方，但是，他不太考虑这种根本的转移，与北宋和南宋的疆域变迁有没有关系（北宋仍然是以北方中原为中心的，南宋的中心才是转移到南方的），也不考虑他的资料中，是否忽略了女真、蒙古时代的北方。似乎这个时候，他笔下的中国史又只是汉族正统王朝的南宋史了（第100—102页），这一点他可能没有自觉地意识到。

三是"货币经济的成立"。他提到纸币的发行，但又提及这种纸币的发行终于因为"信用"问题而失败，也说到历代政府倘若不能保证这种信用，就会招致混乱，可是，他自己也说"纸币的广泛普及，还是以后的事情"，那么，它怎样与"唐宋变革"联系起来呢(第102—104页),我还是没有看明白。

接下来,他提及的第四和第五个方面分别是"商业化的进展"和"都市化的进展",这都比较容易理解。应该说,这两点都不新鲜,过去对于宋代商业化和都市化有很多研究,包括日本的加藤繁、斯波义信等。但让我觉得很奇怪的是,这部号称世界史背景下的中国史,却没有提及宋代的"背海立国"以及海外贸易的情况。

此外,冈本当然还讲到"君主独裁制与多元化对应""澶渊之盟以及对游牧民侵略的回避""中华思想与多国共存"以及"今日中国文化的生成",这些部分大体上都是学界的共识,最后讲到"蒙古部族的兴起",然后结束了唐宋时代这一章。

下一章是"蒙古帝国的兴亡:世界史的分歧点"。他主要借用本田实信的说法,讲蒙古的崛起及其对整个欧亚的控制,如何使世界成为一个世界。这一章和其他章的风格不同。前半部分仍然大体像传统通史一样,按照历史顺序叙述蒙古的兴起与征服、忽必烈夺权、松散的金帐汗国乌鲁斯联盟的建立、大元与南宋征服等,只是添加了两小节描述蒙古军及其宣传战和威吓战、战争与商业资本的流动,以及一些经济史内容,如通过站赤(驿站)贯通欧亚,以及纸币普及、银与盐、经济圈的扩大等。当然，作为日本学者，冈本没有忘记对"元寇"（也就是"蒙古袭来"事件）捎带一笔。可有趣的是，在这之后的一半部分，他又重提气候变迁，加上"因为寒冷化的衰退"与"从大都（北京）撤出"两节作为这一章的结束。

但我仍然不明白，为什么寒冷会造成蒙古人统治的衰退，而且要退出北京回归蒙古高原——在气候寒冷的季节，草原比起农耕地区不是更难维持生活吗？历史上的游牧民族在寒冷岁月，不是常常要南下吗？为什么蒙古人要反其道而行之呢？另外，他说"由于寒冷化气候，最大的变化是欧亚东西之间的悬隔与分离，在唐代，通过丝绸之路，欧洲与中国之间流通很盛。蒙古帝国继承了这个时代，粟特、回鹘、伊朗系的商人，往来东西非常畅通，可是因为疾病（黑死病），往来途径断绝，中亚细亚的命运，因此被黯淡之云笼罩"（第148页），如果说这是给四个金帐汗国的彼此隔绝作解释，我还容易理解，可是，作为大元帝国北撤的原因，似乎风马牛不相及。

2020.5.5

读冈本隆司《中国全史》之四

今天,再读冈本隆司《中国全史》第六章"作为现代中国起点的明朝"。

对于这个题目,我有些奇怪,他的"中国"好像又回到汉族统治的明王朝,他无意中又把中国重新定位为华夷有别的汉族中国了。这当然也是一种历史方法,他说"明朝以这样的出发点来抵抗和否定蒙古帝国,朱元璋想象的'混一',是只有农耕世界的中国,(与游牧世界)分离和独立,从而把'中华'和'外夷'分断并差别化。所谓'中华'的空间,是只有农耕世界的,以纯粹和自尊为基本方针的王朝"(第155页)。因此,他提到了蒙古文化在明朝作为"胡俗"被逐渐清除的问题。他认为,"此后三百年的中国,把蒙古时代遗留的游牧与农耕结合,或者文化经济和政治军事相统合的趋势,(反过来)向两者分离的趋势转移"(第156页)。他还一一叙述了明朝如何在这个"中华"对"外夷"的构图中,重新建立朝贡一元体制,排除货币与商业(否定货币经济),为了消解南北差异而压制江南,并且实行海禁等措施。

在简单地介绍了靖难之役与迁都北京,以及郑和下西洋和江南经济之后,冈本一方面讲到作为通货的白银流通,世界的白银流向中国,从朝贡贸易到民间贸易,以及在南倭北虏交困中,明朝锁国体制的逐渐崩溃;另一方面也讲到庶民文化与王阳明之学、乡绅的出现(关于这一点,我也有一点狐疑,为什么庶民文化与地方乡绅的出现是明代而不是宋代呢?),以及都市化与官民之间的矛盾。他强调说,"无论好还是坏,明朝都奠定了后来中国的政治、经济、社会的系统和基础"(第196页)。我这里的疑问是,如果明朝奠定了后来中国的基础,那么,他说的"中国"应当是一个汉族的、以十五省为主的"小中国",相反,如果我们承认是清朝奠定了后来中国的基础,这个"中国"应当是一个多族群且疆域很广的"大中国",那么,他到底觉得现代中国的基础是哪个朝代奠定的呢?好像他在其他论著中,肯定的是后者,但在这里又无意中取了前者。

在这一章的最后,他讨论了一个经济史家也许会关注的现象。他认为,明代中国的中间市场和基层市场在不断发展,但首都、大都市、地方城市、中等行政中心、下层地方中心的官僚制政府机构却一成不变，而这种官方与民间的步调不合是一个大问题，而且这一问题在19世纪的清代渐渐明显——也就是说，从明代开始显示出"这种官民乖离现象的渐渐发展"（第192页）。他认为这就是后来中国社会的基础，甚至还认为，明朝之前与明朝之后是两个截然不同的国家（第193页）。

可是，这一历史叙述，真的把握了明代中国的历史要害吗？我不敢断定，姑且存疑。

2020.5.6

读冈本隆司《中国全史》之五

东京疫情仍然时起时伏。在住处继续读冈本隆司的书。

在第七章"清朝时代的地域分立与官民乖离"中,他简单地叙述了清朝的历史,如满人入主中原建立了清朝,由于广大疆域与众多种族,政治意识形态从"华夷殊别"到"华夷一家",制度上从直接统治到间接统治,所以有"因俗而治"。所谓"因俗而治",即分互市、藩部、属国和直省。其实我认为,从清帝国的控制系统上看,更加明晰的说法,还是内部分理藩院、东北将军、六部,外部分朝贡国和互市国。这点可参看坂野正高的《近代中国政治外交史》,在其中,坂野的介绍特别清楚。

同时,他也讲到雍正的官僚机构改革、白银不足与英国茶叶贸易、清朝的小政府,以及民众叛乱频仍等历史现象。

但他似乎特别想强调的,仍是他在明朝部分讲到的"经济上各地域的分立状态"。(为什么?在清朝,虽然江南特别发达,但这一区域的特殊发展,能否说成是各个地方的差异,而且在整个清代历史进程中有那么重要?)他下判断说,"西方在18世纪对中国的景气动向和经济状况之影响,已经是重要的存在,虽然这也许未必是(当时人)能够实感或自我察觉的现象,但是它已经导致清朝政府的失败,以及19世纪的内忧外患"(第216页)。这个判断是否太早?我的看法是,要到18世纪后半叶至19世纪前半叶,这种西方冲击的影响才会逐渐呈现出来。同时,他又以日本"官民一体"和清朝"官民乖离"来对比,认为其中就有日中"现代化"差异的原因。

同时,他特别强调"因俗而治"的清朝后来形成的"多元共存"的局面,认为这种"多元共存"的帝国,在被瓜分的危机下,逐渐生出既要建立主权国民国家,同时又要保存广大领土的愿望。他的这一观察倒是很正确的。从这里,他开始进入清代一章的最后论述,即"国民国家'中国'的诞生"(第224页)。按照冈本隆司的说法,在近代中国既要建立现代的国民国家,又要把帝国时代的疆域和族群收纳进来,特别是在二战抵抗日本侵略的过程中,国民党政府又逐渐开始乖离基层社会和下层人民,而共产党则掌握了下层民众的人心，所以取得了胜利。如果说，他的这一描述在二战时期尚可以接受，那么，他认为1949年以后中华人民共和国的基本理念是尽可能下沉到基层社会，即前面所说的，像明朝那样实现农村本位（第240页），这就有些疑问了。

2020.5.7

读冈本隆司《中国全史》之六

最后读冈本隆司书的结语:"现代中国与历史"。

短短的结语中,他说的意思是这样几个:

一、中国历史的分水岭是14世纪。他说,今天中国表现出来的社会问题是"多元化"与"上下乖离",而这些问题则来源于"由寒冷化而来的14世纪的危机",以及此后接续而来的大航海时代。(按他的说法,那么是否要归于自然界的影响加上帝国主义和殖民主义的罪过?)

二、古代中国(秦汉以前)就是多元化世界(也许说的是先秦的封建制?),不仅有多种势力割据,身份阶层也被严格区分,但这一切在秦汉统一时代逐渐趋向均质化,也曾有实现所谓扁平(flat)社会的时期。(这指的是郡县制吗?秦汉郡县制虽然把天下民众都变成"编户齐民",但实质上怎么可能是均质化的社会?六朝隋唐的贵族,宋代的国家官僚、乡绅精英与基层民众,元的四等族群及

"九儒十丐",怎么可能是均质化的?)可是,这种趋势由于3世纪寒冷化受到挫折,逐渐形成"士""庶"二元阶层(第244页)。这一点我不能理解,且不说是不是3世纪的转折,就算是,它与寒冷化有什么瓜葛?

三、他继续论证说,13世纪蒙古时代打通了欧亚,把中国也纳入欧亚的统合,真是世界史上的伟大事件。(应当说明欧亚怎么统合,是贸易、政治,还是身份、社会得到改造?)他感叹的是,元帝国的这种趋势也终于不敌寒冷化而中断,巨大的帝国在14世纪一下子解体,中国重新回到"多元的世界"(第244—245页)。这些说法,也许有很多值得思考,但也有很多实在可疑。

在这篇结语中,他也讨论了我们都关注的"现代中国"的形成问题。他的一些说法还是不错的,比如,现代中国在欧洲影响下,力图朝向所谓"国民国家",而这个"国民国家"的中国,又面临着多元性与"一个中国"的矛盾,以及现代中国试图通过"儒家"走向"中华民族"等。同时他也讨论到,日本人应当如何抛开西洋的观念和日本的背景来重新理解中国。他认为,日本史和西洋史是相近的历史,都是经历中世封建制走向近代化,而日本与中国虽然同属东亚,历史却相当不同。所以,日本对容貌和语言都不同的西洋人有亲切感,对容貌和语言相近的中国人反而有"违和感"和"不快感"(第254页)。应当说,这些都是他看到的问题,他的有些历史感觉也很敏锐。但我怀疑,他看到了"病",却找错了"病根",恐怕也开错了"药方"。

总而言之,他这本书的问题是:

一、中国历史太长,要"全"谈何容易?如果对中国史不具备全面掌握的能力,书写"全史"常常不免捉襟见肘。此书中,很多重要的历史关节都没有提到(如秦汉帝国四百年一笔带过,中唐和晚唐的转变也轻轻放过),而很多提到的所谓论题未必重要,因此基本上不算是"全史",而应当说是借历史讲历史观。

二、他往往"以论代史",因此有时候在没有历史根据的情况下就对历史下大判断,尤其让人不能赞同的是,他把很多重大历史变化都往"寒冷化"方面解释——为了追随时髦理论而忽略真实历史。我当然理解,他显然深受近来全球史研究中有关气候、贸易、族群与移动因素的影响,也受到所谓中央欧亚理论、蒙古帝国世界史开端等潮流的影响,试图把整个中国历史都往这些方向解释,从而将就了理论,历史叙述就不免生硬。

三、毕竟是作为现代日本学者的一种隔岸观火,因此,他对历史影响下的现代中国存在的问题看得相当偏。也许是受到日本问题意识的支配,或受到现代时尚理论的影响,他把地区差异和上下乖离当作当代中国最重要的问题,并且追溯到 14 世纪的明代,再与所谓寒冷化等结合起来,实际上既误判了历史,也误判了现实。所以,我前面才会说,他不仅找错了"病根",也开错了"药方"。

2020.5.7

和羽田正再谈"identity"研究

羽田正来研究室,我们再讨论"identity"研究班的话题。这是他最关心的事情。显然,他希望在这个系列讨论之后,东京学院能够有成果拿出来,所以,他问我如何使这些讨论逐渐整合成一个共同课题,让大家的讨论聚焦,并且今后可以出版论著。

我的意见是:

一、是否能够把大家的关注点集中到三个方面,即从不同学科看认同,从不同著作看认同,从不同国家看认同,这样"认同"就是中心词,也许可以使大家"心往一处想,劲往一处使"。

二、是否可以通过若干关键词、若干著作的研读,让大家的话题逐渐靠拢?这需要羽田正确定。

三、是否可以以"日本"为中心,让大家从自己国家的角度,观察"哪儿是日本""谁是日本人",因为这可以和东京学院原先制定的几大课题中的"从外部看日本,从内部看日本"挂钩。

羽田正说,他想想之后,也许会给大家写一份备忘,让大家讨论一下。

其实,可以讨论的"认同"话题远比这个宽泛,我能想到的有:

一、从政治、经济、历史、族群等各个维度讨论"认同"的历史来源、社会基础和制度因素。

二、还可以反过来追问:可不可以对自己的族群和国家不认同?认同可不可以改变?可不可以有两个以上的认同,比如双重国籍等?

三、自由主义、社群主义和民族主义的认同观有什么差异?

四、"认同"的不同层次和多元基础(国家、文化、制度/宗教、血缘、地方)。并不是只有"国家认同"或"民族认同",比如前几天我想到的有关中国的"同"(同姓、同宗、同乡、同学、同志、同袍)。

2020.5.8

读纸屋敦之《东亚中的琉球与萨摩藩》

琉球是东亚海域史上一个值得关注的焦点。

从明到清，琉球既是以中国为中心的册封体系中的一国，又和日本保持着密切关系。一方面，它经由福州与北京保持着政治关系，与中国沿海及南海诸国保持着贸易关系；另一方面，它又和日本特别是萨摩藩联系紧密，还常常因为漂海与朝鲜发生纠葛。从地理位置上看，如果以琉球为圆心，向西侧画一个半径两三千公里的扇面，琉球正好在扇柄末端，以它为轴的扇面几乎可以覆盖中国沿海、日本的九州岛、朝鲜济州与釜山以及吕宋、安南，甚至满剌加。

以前为了讲课，曾看过不少有关琉球的中国文献，这次到东京，也想看看日本学者的琉球史论著。在看了几种有关琉球史的日文论著之后，我大概明白了日本学界对于琉球史的基本观点：始终把 1609 年萨摩入侵之前的琉球当作"外国",而把1609—1879年间的琉球当作"二重朝贡国"(他们反对"中日两属"这样的说法,据说,这样会取消"琉球的主体性");他们认为,直到1879年"琉球处分"之后琉球王国解体,琉球才成为日本的一部分。

手头这本纸屋敦之的《东亚中的琉球与萨摩藩》(《東アジアのなかの琉球と薩摩藩》,校仓书房,2013年版)是前几年的著作,引述资料相当丰富,我便用它与村井章介的《古琉球》对照着阅读。

这本书分为"古琉球与萨摩""近世琉球与萨摩藩""琉球的逻辑"三部分。下面,我做一些摘录,同时也加上一些自己的感想:

第一部分中最值得注意的是两点。

一是有关"百浦添栏杆之铭"(见《中山世谱》卷六)。该铭文镌刻于尚真(1477—1526年为王)1509年所建首里城正殿的前栏杆上。纸屋教授说,在第一尚氏王统(即从尚思绍到尚德七代)时期,是明朝廷任命明人为王相,负责政治与外交;然而,经矢野美沙子研究,到了第二尚氏王统(从尚円起)时期,琉球国王开始任命琉球人担任三司官(世あすたべ,相当于宰相)以下的职位,担负政治与外交职责。这很重要,因为它说明,琉球当时已经是独立国家。

二是有关"纹船一件"。纹船（あや船）是琉球国王向岛津氏派遣的外交船，1481—1611年间一共派船达十三次之多。作者说，如果细读《上井觉兼日记》，可以看出萨摩和琉球当时还是平等通交。这一点，可见于琉球国王与萨摩藩之间的往来文书：在1500年代的文书中，萨摩方面常常使用"善邻""邻交""邻国之修好""昆弟之约""唇齿之约""胶漆之契约""邻交之恒例"等强调友好的词语。

纸屋敦之的以上论述，目的都是为了强调古代琉球王国的独立性，这一点在日本史学界是共识。

第二部分中，特别值得注意的是对明清交替时代萨摩与琉球关系的论述。

纸屋敦之认为，萨摩与琉球的关系不仅仅是两地区的关系，而是应当放在"华夷变态与近世日本"的背景下理解。他说，室町时代的日明关系，在1547年最后的遣明船之后终结，经过丰臣秀吉到德川家康，17世纪的日中关系逐渐"从册封到非册封"，也就是日本的自立意识越来越强。不过，虽然1609年的萨摩入侵琉球改变了琉球的独立状态，琉球成为同时向两方朝贡的国家，但纸屋还是认为，那个时候萨摩并没有试图改变琉球的政治形态和风俗文化。这里他列举了若干证据：（一）1624年，萨摩仍然把一些权力（比如三司官以下的职位的授予权，死罪、流罪的裁判权，农耕礼仪相关的折目祭等祭祀权）委托给琉球国王，甚至还禁止琉球人使用日本风俗。（二）不仅萨摩藩默许琉球向清朝朝贡，日本幕府将军也一样注意到，琉球可以充当日本与中国之间的桥梁，不要因为琉球而与清朝冲突。

不过，纸屋也特别指出，明清交替成为萨摩藩改变琉球支配的潜在契机。1648年后，萨摩使者变成了"上国使"；1654年，萨摩藩设置了负责琉球的官员"琉球挂"；1657年，萨摩禁止"琉球在番奉行"参与琉球政治，而是通过设在鹿儿岛的琉球馆对琉球进行支配。萨摩藩代表日本对琉球进行的控制，在明清交替以后，确实是在逐渐增强。同时应当注意的是，琉球方面由羽地朝秀（向象贤）担任"摄政"，在1666—1673年间进行了所谓"羽地仕置"的政治改革，象征着从古琉球向近世琉球的转化。

特别值得注意的是，纸屋认为1609年萨摩入侵琉球这一大事件，应当放在明、日、琉的关系中来看待。在书中，他提出这一事件之前的若干值得注意和需要分析的背景，特别是琉球在中日之间位置与作用的变化，过去我们似乎强调得不够：

一、1600年8月，萨摩坊津的商人将朝鲜战争（即壬辰之役）中被扣押的人质茅国科（大明总理军务都指挥茅国器的弟弟）送到福建福州梅花津，而且将萨摩藩岛津氏的信件（由德川氏的外交顾问禅僧西笑承兑起草）交给茅国器，表示希望日明和平，并重申了对于"金印"和"勘合"的希望。明朝皇帝对此表示嘉奖，并同意每年允许两艘贸易船从福建赴萨摩。第二年中国船赴萨摩，但由于遭海盗抢劫并沉没，萨摩与福建的直接贸易并没有实现。

二、1602年，陆奥伊达政宗把漂流的琉球船三十九人送往江户，德川将军让他们返回琉球，并由岛津忠长负责遣送。琉球国王尚宁曾要求遣使来谢，这时正值1603年德川家康就任征夷大将军。可是不知为何，尚宁这次却没有为此遣使送礼。1606年，岛津忠恒曾向德川家康提出要求，准备出兵奄美大岛，但同年6月，因为明朝的册封使（夏子阳、王士祯）来琉球，这一计划就暂时没有实行。

三、这时，刚刚由德川家康赠字而改名为岛津家久的萨摩藩主，还派遣岛津宗安到琉球，打听虚实并向来自大明的册封使表示祝贺。这一年9月，岛津氏还有《呈大明天使书》，诉说"两地不通商舶者三十余年，颇以为慊矣。恭惟天使两老大人感我恭顺之诚，自今以往，年年使中华商舶来于我萨摩州，阜通财贿，何幸如之，然则皇恩德泽，当永矢而弗谖矣"。但他同时在给琉球国王的《呈琉球国王书》中说,你们没有给萨摩送聘礼,是三司官的怠责,"今岁不聘,明年亦懈者,欲不危而可得乎哉"。他还指责琉球国与明朝通商,却没有承担明朝与日本的往来,"岂复非太平之象哉,我将军之志在兹矣"。纸屋认为,显然这是日本幕府与萨摩藩试图借着明朝皇帝遣使册封琉球的机会,以琉球作为中介实现勘合外交。

四、1608年,萨摩曾派遣两个使者(市来家政、村尾笑栖)去琉球,但仍没有达成目的,因此,萨摩才以桦山久高为将军,率三千军人于1609年3月4日经由奄美大岛、德之岛进入冲绳,把国王尚宁、王弟尚宏作为人质,这就是征服琉球事件。

纸屋敦之认为,即便如此,日本当时还是把琉球王当作国王看待的——面见德川家康时,尚宁还是穿着琉球的中国式衣冠,乘坐玉舆(凤辇),与家康对坐。显然,日本方面为了勘合交涉,还是希望琉球作为明朝的朝贡国继续存在的。以上分析,也许可以让我们了解1609年琉球历史大转折的背景与原因。

那么,琉球方面的自我定位呢?在第三部分中,纸屋主要讨论的是夹在日本与中国之间的琉球,其自主性的逻辑何在。其中,他特别讨论了1670年尚质的"琉球安泰论"

(以及蔡温1732年的《御教条》和1749年的《独物语》)。

纸屋认为,尚质关于琉球说辞的基调是,琉球既然被萨摩征服,理当对萨摩表示忠诚,然而还有另一面,就是萨摩也应当负责琉球的安泰。为了日中琉三方的平衡与安定,萨摩藩接受了这一说法,并且为了贸易,也默许琉球向两方朝贡。不过,纸屋敦之也指出,琉球这种走钢丝式的外交有时候也会出现问题。其中很有趣的一件事是,1683年的尚贞和1719年的尚敬,接受来自清朝的册封时,在有关七岛(宝岛)的归属问题上,就曾引起过清朝册封使的警觉。纸屋敦之说,为了避免引起麻烦,不让清朝使者察觉琉球与日本尤其是萨摩的真实关系,在1719年清朝使团来册封尚敬的时候,琉球方面也想出花招,让萨摩藩来的日本官员,在浦添间切城间村暂时躲避,免得引起清朝册封使的警惕。

看完此书,有一点儿感慨:明清中国、江户日本和琉球之间的这种复杂关系真是值得好好琢磨。琉球史很重要,它的意义不妨在这里再重复一遍:14—16世纪,日本国内战乱不止,加上中国先是采取海禁,后来又有倭寇问题,所以,琉球成了日本、朝鲜、中国甚至东南亚各国之间的商品贸易枢纽之一,有日本学者甚至认为,琉球是"大交易"时代的中心之一。研究那一段时期的东亚海域史,就不能忽略琉球。不过，要研究东亚中的琉球史，恐怕除了人们熟悉的《历代宝案》和各种《使琉球录》之外，还得好好考察与琉球关系最密切的萨摩藩的资料（如岛津家文书），以及并非汉字书写的《思草纸》。

2020.5.9

读杂书琐记

疫情中,图书馆关了门,羽田正担心我在住处无书可读,便专程送来一些书。这两天,草草浏览了一下他送来的几本书。

藤原敬士的《商人们的广州》(《商人たちの広州:一七五〇年代の英清貿易》,东京大学出版会,2017年版),以18世纪50年代前后的广州为中心,讨论中英贸易,涉及茶叶、生丝、毛织品贸易以及十三行等,也涉及朝贡与贸易制度问题。作者在序章中提到日本传统的中英贸易研究,并引述矢野仁一的说法,认为中英贸易长期是中国占优势,特别是茶叶,这种情况一直到英国用鸦片作为商品才改观。

又,匆匆翻了一下新居洋子的《耶稣会士与普世帝国》(《イエズス会士と普遍の帝国:在華宣教師による文明の翻訳》,名古屋大学出版会,2017年版)。新居洋子是吉泽诚一郎、川原秀城的学生,记得好像曾经参加过我们的三校合作会议。这本书的

序章提到的一个词叫"复数的普遍",倒是很值得琢磨。

钱德明(Jean-Joseph-Marie Amiot,1718—1793)是本书的一个中心人物,在乾隆年代,精通音乐的他和郎世宁(绘画)、高慎思(天文算法)、罗启明(外科医药)都是在中国的重要耶稣会士。他的著作有《鞑靼—满—法语词典》和《北京传教士关于中国历史、科学、艺术、风俗、习惯录》(共十五卷)等。我看到有一个钱德明的故事说,他去世前两天(1793年10月),英使马戛尔尼才离开大清帝国,虽然他没有见到来华的马戛尔尼,但有两封劝马戛尔尼对中国皇帝要有耐心的信,并说"这个世界(清朝)与我们是完全相反的"。

又翻了翻高山大毅的《近世日本的"礼乐"与"修辞"》(《近世日本の"礼楽"と"修辞":荻生徂徕以後の"接人"の制度構想》,东京大学出版会,2016年版)。该书获得了南原繁纪念出版奖,腰封上的推荐词是:"对于德川日本思想家们构想的美好的'接人'制度以及实践的锐利分析,思想史、文学史、文化史研究的新地平线。"

2020.5.10

永远的 0

看日本电影《永远的 0》。

这部电影讲述的是,驾驶 0 式战机的日本海军航空兵在二战后期日本败退过程中的经历,主要有关战争的残酷,以及家庭、生命、友谊的珍重。应当说拍得不错,据说在日本拿了不少奖。但是,日本似乎与中国不同,不太从大政治背景去分辨善恶是非。记得里面有一段对话,反驳的是这样的说法,即二战中日本自杀式的"特攻"与恐怖分子一样,只是出于所谓的爱国主义冲动。电影里说,"特攻针对的是航母,那是战争武器,与自杀恐怖袭击针对平民是不一样的"。这也许是二战中日本一般民众的认识?

当然,因为二战的残酷与动荡留存在每个日本民众和家庭的深层记忆中,正如电影里说的,尽管没有人提此事,但此事不会被忘记,所以日本对二战的记忆就混杂了否定性的政治判断和留恋性的情感记忆,很难清晰地一刀切开。我们可以理解,战争就像一场大火,国家、民族都卷在火里,但是对具体的人,不管他是交战的哪一方的人,这场大火都是巨大的灾难。最近流行一句话说,每一粒火山灰,落到每一个人头上都是一座火山。表现战争的电影,究竟是采取宏观大叙事讨论战争的是非,还是微观小角度观察个人的命运呢?

这种电影里的"暧昧",似乎就是日本的"暧昧"。

2020.5.14

读杉山清彦的《大清帝国的形成与八旗制》

杉山清彦在《大清帝国的形成与八旗制》(《大清帝国の形成と八旗制》，名古屋大学出版会，2015) 的序章中提到，过去清史研究中，有两个主要"立场"：一个是"以帝国建设的承担者女真—满洲人为中心，描述这个国家建设过程，在这里，把握努尔哈赤的满洲统合、皇太极的满蒙汉三民族联合国家形成，到18世纪五族（满蒙回藏汉）最大版图的发展，并把帝国形成，作为满人的民族统合发展，以此取代'征服王朝'论和'多民族国家'论"；另一个是"把清朝放在延续明朝的中华王朝位置上，把它作为最后的中国专制王朝来理解。也就是说，皇帝是承袭了从明朝以来地位的中华皇帝，借助汉人科举官僚，完成了中国近世的君主独裁制"。从这样的立场看，清朝的官制基本是承袭明朝以来中央的内阁、六部以及地方的总督、巡抚等，只不过另外创造了清代附加的军机处、理藩院和内务府。所以，重心不是说明"征服王朝侧面",而是要说明这是"最后的中国王朝"(第3页)。

我的感觉是,他对这两种立场都有批评,更想用兼顾满洲与汉族中国的双重视角,来取代新清史和传统清史的各自偏向。由于20世纪90年代以来出现了各种各样的新方法,他也深受影响。其中,他特别提到所谓的"世界史视角"。他说,现在有人把清朝历史放在16—17世纪东亚周边世界的政治、社会变动中,作为亚洲和世界的同时代史。这种方法认为,大清帝国的崛起、成形及其特质,要与倭寇等海上势力、明代的边境军阀、蒙古势力等共同考虑,把满洲力量视为白银等国际商品的边境贸易市场中逐渐崛起的新兴军事力量,以及把之后的17—18世纪看作大清帝国与近代国家并存的时代,改变过去单线的王朝史和民族史,从而转换为世界史。他认为,这就和过去的历史叙述模式不同了。《大清帝国的形成与八旗制》就是在这个同时代各种势力竞争的背景下,试图回答清朝为什么会取胜,以及清朝的特质是什么,换句话说,就是在所谓欧亚(Eurasia)的大背景下理解"大清帝国"的同时,理解同时代的历史和特征(第4—5页)。

该书的主要内容聚焦的是八旗制的各种问题。在八旗制的问题上,他也回顾了这个领域的研究史。首先当然是开创者——日本的内藤湖南与中国的孟森。其次是20世纪30年代以后,日本的和田清、园田一龟、鸳渊一、旗田巍、中山八郎、周藤吉之,以及继承内藤湖南的三田村泰助和今西春秋。再次,二战后对满文老档研究的成绩,来自和田清的门下弟子,包括神田信夫、松村润、冈田英弘和石桥崇雄,此外,他也提及宫崎市定的《雍正帝》。从次,中国学界值得注意的研究者是郑天挺、王锺翰,1980年代以后,应当注意的中国学者则是张晋藩、郭成康,以及第一历史档案馆的档案整理,如《历朝八旗杂档》《八旗世袭档谱》。最后,应当注意的是美国的新清史(如欧立德),杉山清彦把它视为20世纪90年代"汉化学派"与"阿尔泰学派"论战的延续和发展。他指出,新清史与日本的"清朝国家像"论争"位相"不同处,是从"族群"(ethnic)、"少数民族"(minority)角度出发来把握和描述国家与社会,试图促使清朝(史)理解的转向(第16—17页)。

我特别仔细读了全书最后的补论,题为"近世欧亚大陆中的大清帝国",副标题则是"奥斯曼、萨菲、莫卧儿,以及爱新觉罗朝"。很明显,杉山清彦是把清朝历史放在全球史中研究的。在这篇补论的开头,他就定义16世纪以后是"欧亚大陆(Eurasia)的'帝国的时代'",然后讨论"近世欧亚大陆的帝国群",帝国的特质,蒙古的延续,以及近世的展开,最后才是"作为爱新觉罗朝重新叙述的世界史"(第434页)。

杉山清彦是日本有代表性的年轻清史学者,这些研究取向也许代表了目前日本清史学界的大趋势?

2020.5.18

白思奇的书评

看到执教于纽约城市大学亨特学院的白思奇（Richard Belsky）在《太平洋事务》上为《何为中国》写的书评，其中特别指出：（一）中国历史向我们展示了一个与前现代欧洲完全不同的国家形成路径；（二）国家认同与汉族伦理、历史、知识和传统之关联，包括"边界的存在和国家的清醒意识"，可以追溯到宋朝（960—1279）；（三）早期汉民族国家的形成是复杂的历史，特别要注意元和清；（四）清朝／中华民国／中华人民共和国从多民族帝国向现代国家转换中，保留了帝国疆域，与奥斯曼等帝国很不一样。

这些评论都很对。当然，他也对这本书没有提及1940年代以后，没有提及中共的民族政策，没有提及苏联民族自治的影响等表示遗憾。不过值得欣慰的是，他还是肯定《何为中国》是一部优秀的思想史，追溯了"中国"

概念的发展历程，也试图调和中国作为现代国家，在保留大一统领土的时候，与传统帝国之间的内在张力。

要同情地理解一个作者和一本书，还是相当难的。

2020.5.19

环境与认同

今天在 Zoom 上参加了东京学院关于疫情的讨论。

研究环境的一个年轻学者讲的是"环境认同"。其实,讲的还是环境问题居多,认同讲得少。其中有一点很有意思,他讲到日本从 20 世纪 70 年代以后(尤其是水俣病以后)对环境的重视(减少核能发电,增加太阳能和风能;帮助印度尼西亚、菲律宾和越南制订环境保护计划),也提到福岛震灾之后日本各方面的大讨论,可见日本对环境恶化问题还是很自觉的。

哈佛大学的戈登(A. Gorden)教授在讨论中指出的一点很重要。他说,很多人仍然下意识地把"自然灾害"和"人类活动"分开,其实,所谓"自然灾害"如果没有人的话,就不算"灾害",所以,任何所谓灾害都是"自然"与"人"共同的事情。

这话说得对。

2020.5.21

东京的谷中灵园

走路去谷中灵园。原来，这里还是宽永寺的地盘，所以幕府最后一代将军德川庆喜的墓地也在这里（不开放），可见宽永寺在德川时代势力之大。

这里有几千个墓地，多是家族性的，据说是东京三大墓园之一。但和法国的墓园不同，这里除了少量名人外，园内并无标志牌，想来并不是供人瞻仰膜拜，而是供家族后人祭祀和纪念的。意外地看到内藤湖南书写的"东京帝国大学名誉教授重野安绎墓碑"。重野安绎（1827—1910）是明治时期重要的学者，也是日本最早的文学博士之一，对中国历代疆域沿革的研究和历史地图的绘制大概对中国学界有不小的刺激，确实是值得纪念的一个人物。他的墓碑相当高大，在一片密密麻麻的墓地中格外显眼。

谷中灵园位于原来所谓的下町，这里有很多小小的寺院，也有不少明治大正时代的旧宅，显得很日本。路经灵园附近的天王寺，拐进去看了看，很安静，也很雅致，居然一个人也没有，只有紫阳花小小的花苞即将开放。不经意间回头，才发现寺里的和尚正静静地坐在事务室里，透过窗棂盯着我们。

读到洛克菲勒基金会总裁斯蒂芬·海因茨（Stephen Heintz）的一段话。他说，现代世界的危机，来源于三大现代文明基础（资本主义、自由贸易和全球市场；1648年《威斯特伐利亚条约》之后以民族国家为基础的国际秩序；启蒙主义影响下的代议制和自由民主平等观念）的动摇。如今，它们都面临着新的问题和挑战。

六月

2020.6.2

读网野善彦《日本历史上的东与西》

今天羽田正对我说，网野善彦（1928—2004）是最后一个愿意从宏观角度写日本史的学者，恰好我正在看他的《日本历史上的东与西》（《東と西の語る日本の歴史》，讲谈社学术文库，讲谈社，1998年初版，2018年再版），也是巧合。

网野善彦出生在山梨，是世家子弟，曾祖父是网野银行的创始人。他年轻时虽生活在右翼环境中，却是石母田正（1912—1986）的私淑弟子，还加入过日本共产党，担任过民主主义学生组织的干部，只是后来渐渐走向学术，先后在东京大学史料编纂所、名古屋大学和神奈川大学任教。他在晚年著作《何为"日本"》（《"日本"とは何か》，"日本的历史"丛书之一，讲谈社，2000年版）中，特别强调日本不是一个孤立的岛国，而是亚洲东部的列岛，就像亚洲东部的悬桥伸展到太平洋，与周边的海洋有种种往来。他也曾考证说，"日本"这个国名，要到689年的《飞鸟净御原令》

才确定下来,这是"日本"第一次出现在世界史上。日本与海洋的这种联系,在他的另一部著作《日本社会再考》_(《日本社会再考:海からみた列島文化》,小学館,2004年版)中也被反复强调。

在《"日本国"体制下的人们》(《'日本国'の国制の下にある人々》)中,他则特别强调,不能用现在的"日本"和"日本人"倒推历史,在"日本国"还没有出现的时代,日本也好,日本人也好,都是不存在的。大学和中学教科书中所谓"绳文时代的日本人""弥生时代的日本人",是以现在的日本领土倒推和逆向定义日本人,都是对历史的误会。他也说,其实日本之成为日本,也是个侵略和征服的结果,比如对虾夷、对琉球等。他还说,所谓"新石器时代的日本人"这种说法,还是战前的"神代史观"的遗留。我手头的这本《日本历史上的东与西》,就是在强调日本东部和西部的差异,所谓"西船东马",也就是说,它们在古代就不是"一国"。

这一点,冈田英弘的《日本史的诞生》和村井章介的《古琉球》其实都有这个意思。

2020.6.3

看六义园盛开的紫阳花

六义园是德川纲吉时代的川越藩主的大名庭院,与后乐园、滨离宫并称东京三大庭院。五年前,我和陈冠中夫妇、萧翰夫妇来过,那天雨雾蒙蒙,枫叶也只是一两处,似乎什么也没看清楚。

今天虽然阴天,但光线还算不错。这个园子相当精致,空间也不小,有湖面,有小山,有半岛,各种花卉按照设定的季节轮流开放,樱花过了是杜鹃,杜鹃过了是紫阳花。据说,整体格局乃是日本三大景之一的"和歌之浦"的缩影,一共有八十八景,里面很多景致模仿中国或名称来自中国,比如剡溪、山阴、蓬莱等。原本这个月的紫阳花是一景,但似乎我们来得早了些,各种紫阳花还没有满开。看过一处有各种紫阳花的说明后才明白,原来紫阳花也有好多不同的品种,有的大如绣球,有的精细如针芒,色彩则有白色、绿色、紫色和粉红,最奇特的是一种蓝色的,莹莹地闪光,看上去像透明的蓝宝石。

1702年,设计和建造六义园的柳泽吉保让狩野氏给他画了像,并在上面题写自赞曰:

> 汝是我,我非汝,何用分假分真?腰佩金刚宝钗,扫退野鬼闲神。

好像受了中国禅偈的影响。看到这首偈语,不知怎的,我顿时想起《水浒传》中鲁智深圆寂时的诗偈:"平生不修善果,只爱杀人放火。忽地顿开金枷,这里扯断玉锁。咦!钱塘江上潮信来,今日方知我是我。"

六义园的紫阳花

2020.6.11

东京增上寺

疫情之中小心翼翼,很久都不大敢轻易乘坐公共交通。今天鼓足勇气出行,从汤岛乘坐千代田线,又换三田线,在御成门下了车,路对面就是东京三大寺之一的增上寺。

全名叫三缘山广度院增上寺,这是净土宗的大本山,据说由净土宗第八祖西誉圣聪1393年在江户贝冢创建。德川初期,德川家康皈依第十二代法主源誉存应[1],对该寺大力支持,所以它也算是德川家的寺院。不过,原来寺院并不在这里,是庆长三年(1598)才迁到这里的。寺院的规模很宏大,过去的地位也很高,与上野的宽永寺不相上下。从三门(重要文化财)远远地仰视大殿,"增上寺"的匾额高高在上,殿前的地面相当宽广,而大凡宽广便显

---

[1] 即日本净土高僧慈昌(1546—1620),字存应,号贞莲社源誉,世称增上寺中兴之祖。

出气派。寺院的背后是著名的东京塔，红白相间的钢架塔身，刚好成了寺院的借景，现代和传统在这里相映成趣。德川将军的灵庙铜门紧锁，要买票才能进入。灵庙前面长长的两排地藏石像，大概有上千个吧，一水儿地戴着红色的针织绒帽，有的还围着肚兜。据解说，这是因为地藏保佑子孙，受惠于地藏的老人们怕他们着凉，所以，供奉地藏时就要给他们戴上帽子，好像地藏菩萨戴上帽子，子孙们也同样头上生暖。看着这长长的两排小小而可爱的地藏，以及供奉在他们面前滴溜溜转的小风车，色彩鲜艳又有动感，真是很有意思，算是今天在这里看到印象最深的一景。

增上寺和芝公园连在一起。后者其实就是一片大草坪，旁边有凸起的山坡，据说是古墓，树木葱茏，天太热也就不爬上去了，也不知道上面究竟有什么。公园的南边有东照宫，是供奉德川家康的，据说，这个东照宫原本是增上寺的安国殿，不如上野的东照宫那么宏大堂皇。可是，这里有一株据说是德川家光亲手种植的银杏，粗可三四人合抱，被列为东京的自然保护物，只是不知道为什么，他们把这棵树也叫作"公孙树"。

可爱的地藏菩萨们

2020.6.13

在不忍池雨中漫步

早上九点,冒着雨到不忍池,与许知远会合。

他邀来的摄影团队有五六个人,据说原来都在中央电视台干过,现在为日本广播协会(NHK)服务,看上去很专业。我们围着不忍池闲走,摄影者就只管跟着拍,完全不需要我们摆"pose",自然而放松,这一点真是很不错。

走了几分钟,雨就小一点儿了,这样看着不忍池的荷叶田田,倒是很有意思。途经弁天堂的时候,又看了看怪异的池鱼,一簇簇地张开嘴巴,蠕蠕地聚集在桥边,不知怎的,觉得有些恐怖。

又到彰义队墓碑和西乡隆盛铜像前走了一圈,鲜艳而肥嫩的红色花瓣(据说是刺桐的花)在雨中落了一地,于是想起去年在西雅图墓园李小龙碑前看到的景象,又想起了杜甫"晓看红湿处,花重锦官城"的句子。

然后从无缘阪走路入铁门，回到东大，在龙冈门前与东京学院事务室的人员合田和加藤见了面，一同到了本部栋二号的葛研究室。拍摄者这才摆开架式，四台摄影机和照相机对着，折腾了好一阵，我们才开始对话。对话中察觉，许知远其实多少有些准备，提了很多颇为专业的问题，我也一一回答，感觉思路还算清晰。在研究室摆弄了一个多小时后，又转到许知远下榻的游云亭，吃了便当，再继续拍摄。我和许知远一边饮茶，一边对话，一直折腾到三点才结束。

游云亭（民宿）的老板是一个很年轻的华人，对许知远的事情很热心，还开车送我们回到汤岛。

2020.6.15

和末木文美士对谈思想史

下午去四谷附近的"未来哲学研究所"。研究所是末木文美士（所长）、山内志朗（副所长）和中岛隆博（副所长）等人，在普纽玛出版社（ぷねうま舍，曾出版《死海文书》八卷本）的支持下，今年刚刚建立起来的。他们原本计划三月份召开成立会，我也受邀致辞，但是因为新冠病毒流行，所以一直延宕至今。

从资料上看，他们的学术理念似乎很前卫，成立宣言和介绍中就多次说到"近代的终焉""近代的超克""世界史的终焉"，又提到地球暖化、无故杀戮、世界战争以及人工智能的影响等，似乎真是指向"未来"而期待深刻"思想"。末木先生从京都的日本文化国际研究中心退休之后，就在这里任所长，他今年刚刚当选为美国艺术与科学学院院士。

今天，我与末木文美士花了两小时对谈思想史、中日比较、儒教与佛教主脉络等方面的话题,其中最主要的是:(一)哲学史与思想史:方法论的问题;(二)中日思想的差异:究竟历史更长的中国是否有更多的变化与线索;(三)佛教的思想史位置,丸山真男政治思想史系统中的儒家中心观念,以及是否可以另有以佛教为主轴的思想史等。

这次对谈由张厚泉翻译,从下午两点半到四点半,脑筋一直绷着弦,也相当疲劳。末木是一个特别认真的人,最后,他谈到中日关系的未来,也是很焦虑的心情。我无法回答他的问题,只好说,我也对未来中日之间的理解有一种莫名悲观的看法。

与末木文美士教授

2020.6.17

11—15世纪世界史年表

为准备音频节目《从中国出发的全球史》，浏览各种世界史著作，列出11—15世纪的世界大事表如下，以便作为节目的历史坐标。

10世纪：916年，契丹建国；960年，东亚的宋朝建立；962年，波斯化的突厥系加兹尼王朝在西亚崛起。

11世纪：1037年，塞尔柱土耳其人王朝在西亚崛起；1096年，第一次十字军东征。

12世纪：东亚北方女真崛起；1192年，日本的镰仓幕府成立。

13世纪：1206年，蒙古的成吉思汗即位；1250年，统治中东埃及地区的马穆鲁克苏丹国（1250—1517）崛起；1271年，元朝建立；1299年，塞尔柱灭亡，奥斯曼土耳其帝国崛起。

14世纪：1339年，百年战争；1368年，东亚蒙古溃退，明朝建立；1392年，李氏朝鲜建立，足利义满统一日本。

15世纪：1402年，奥斯曼被铁木真帝国打败；足利义满接受明朝册封；15世纪20年代，琉球统一，成为大交易的轴心之一；1453年，奥斯曼帝国攻入伊斯坦布尔，东罗马拜占庭帝国灭亡。

2020.6.19

东京国立博物馆终于开门了

在全家便利店预约了东京国立博物馆的门票。

疫情防控期间，博物馆采取预约制，而且要定时，没想到预约的人这么多，好不容易才约到今天下午两点半这一轮，偏偏遭遇雨天。还好很近，可以打着伞去。

先去看法隆寺宝物馆。这里主要是法隆寺所藏7世纪至8世纪的佛教灌顶幢、佛菩萨小铜像和各种伎乐面具，有的是从三国时代的朝鲜半岛来的，大多数是日本的。一个寺院收藏这么多（大多列为重要文化财），也真是惊人。

然后在博物馆看常设的雕塑、漆工、金工、陶瓷展览。其中，平安后期到镰仓时代的木雕佛像都很不错，尤其是一尊文殊骑狮子及四个侍者像，庄严且精致。看了伊万里的瓷器，似乎有点儿粗糙，不知为什么欧洲人喜欢——是当时中国的禁止贸易政策使得欧洲人转向日本进口瓷器的结果吗？微信问了一下统一兄，他也认为伊万里瓷器不高明。但毕竟是日本的陶瓷艺术，不仅仅是敝帚自珍，而且也是日本瓷器走向世界的标志。

因为疫情防控期间限制人数，博物馆里也空荡荡的，让人觉得有点儿落寞和凄清。

寂静的博物馆

2020.6.20

读《世界史是什么》

读(日本)历史学研究会编《世界史是什么》(《世界史とは何か:多元的世界の接触と転機》,講座世界史一,東京大学出版会,1995年版)。这是一套世界史丛书的第一本。

在第一部分"多元世界的接触"中,该书特意设立了"十字军与蒙古"(第一章,清水宏佑)、"奥斯曼王朝与欧洲"(第二章,新谷英治)、"东亚华夷秩序与通商关系"(第三章,荒野泰典)和"佛教、印度教与伊斯兰教"(第四章,辛岛升)四个章节。

其中,写到了这些内容:

(一)经东罗马帝国请求,教皇在二百年中九次派遣十字军东征对伊斯兰世界造成的冲击(11世纪末—13世纪末,相当于中国的宋代)。

(二)蒙古西征对基督教欧洲的威胁:蒙古军队已经占领莫斯科、多瑙河,却突然撤兵,使欧洲得以喘息。也许是成吉思汗去世，蒙古内部要争夺汗位的缘故；欧洲基督教则试图联络蒙古人，让他们改宗基督教，是否有合击伊斯兰之意图？

（三）蒙古重心向东亚转移（13世纪后半叶，征服南宋以及南海海域诸国）。

（四）塞尔柱土耳其人在中亚、西亚的伊斯兰化，以及对伊斯兰世界的影响（13世纪，相当于中国的南宋末）。

也许，这一系列事件有着很深刻而微妙的关联。

2020.6.21

新宿御苑的植物

去东京新宿御苑,从千代田线换丸之内线。

新宿御苑是江户初期德川家康的家臣内藤氏的宅邸,在明治初期是农业试验场,所以至今这里还有培育各种植物的大棚,也有一个栽种各种奇异植物的玻璃温室,看上去仿佛温哥华的植物园。明治后期,这里成为皇家庭院,1949年开始向公众开放,不过要买门票——但我已超过六十五岁,所以只要付一半门票钱(250日元),实在是便宜。

难得的是,像东京这么繁华热闹的大都市,竟然会有这样大的一个绿色公园。

这里的公园、神社、佛寺,因为绿树成荫,就像绿色的肺,呼吸之间便使得城市有了新鲜空气;特别是,这里的植物受到保护,巨大而浓密。

首先引人注目的就是御苑中心,有一棵号称御苑象征的巨大北美鹅掌楸，然后，可以看到处处是各种来自海内外的巨大绿树，有榉树和水杉，也有美国梓树、英国桐树和雪松。这些欧美来的植物，恰好有趣地反映了明治时代日本人努力融合东西的时代精神。

进了御苑，先看到的是日本庭院，三四座仿佛莫奈画中日本式的古朴小桥，清浅而明澈的水池与鲜艳的游鱼，修剪成精致形状的绿树和平整如毯的草地，以及错落之间按照季节不同轮换开放的花树。特别遗憾的是，现在正值初夏季节，樱花已经开放过，枫树尚未透出红色，我们没能看上最佳景色。新宿御苑的设计者在移步换景中呈现出的精致和纤巧，处处透着日本式的审美，正如我以前说过的"精致的自然"。但是转过一圈，豁然开朗的，却是英国式的几何图案方形草坪（类似法国凡尔赛宫前面的空旷平地），加上整齐排列着巨树的庭院，完全是欧洲风格。也许，这正好呈现了明治时代日本人努力保护自家传统和吸收外来文化的复杂心情。在这个西洋风景的一边，是叫作台湾阁的中式建筑；另一边，则是江户时代遗留下来的、略显幽深的日本式池塘玉藻池。今天是星期天，好多人错落地散坐在草地上，任由小孩子蹦跳嬉戏，全然感觉不到新冠病毒疫情仍在肆虐，好像东京已经恢复正常的生活。

看介绍，这个月开花的，有紫红色的白及、鲜红的鹦鹉六出花、白色的山月桂和荷花玉兰，还有众多紫阳花中的几种。不过，尽管我曾在苗疆农村插队，但除了稻子、麦子、玉米、小米，以及烧柴用的栗树、松树、青杠树和杉树外，我对各种花懂得太少，只是觉得好看。倒是在温室中，因为有解说文字，才对好多奇形怪状的花卉知道个大概——这些植物大多数来自美洲和非洲的热带地区，也有一些来自琉球、奄美、小笠原等岛屿。

孔子说，读书人应当多识草木鸟兽鱼虫之名。很惭愧，尽管我下过乡，但植物知识还是不行，唯有随喜浏览，看各种绿色，得一欢喜而已。

御苑植物园的紫阳花

2020.6.24

重访滨离宫

乘坐银座线去了滨离宫恩赐庭园。

这里原来是江户时代引入潮水的湖泊和两个鸭场。不过,据说这两个鸭场不是养鸭的,而是引诱野鸭的。过去,这里是江户的出海港口,也是第四代将军德川家纲弟弟的别墅和驯养猎鹰的地方;明治维新后,这里成为皇家园林,但因遭受大地震和美军轰炸而基本毁坏,直到战后才重新修复开放。

2002年,我和张隆溪来东京开会期间曾到过此地,记得当时蒙蒙细雨初停,还在这里拍了一张照片。我记性不好,唯一记得的就是这个日本庭园中有通海的湖面,叫"潮入之池"。此番重游,才发觉这里面积不小,到处是高大的银杏、樱花树、松柏,其中,从大手门这边进来,就是传为德川家宣亲手种植的三百年古松——这棵松树几乎斜倒,全靠大木支撑。庭园中心就是所谓"潮入之池",

即引进海水形成的日本式大池塘。池塘中心是中岛之茶室,由架设在湖面的曲折木桥相连,倒是别有情趣。

在公园的东面,有颇宽的河面与东京湾相通。从台场到浅草的水上巴士,就经过这里。

滨离宫内

2020.6.27

日本与中国学界的历史观念差异之一

在《威斯特伐利亚条约》之后的国际秩序中，一个现代国家形成，拥有了领土（国境）、主权（外交与内政）和国民（国籍），就好像从雾霭中逐渐浮现出清晰的轮廓；但现代国家形成之前，疆域、管辖和臣民却可能是一片雾霭。这是一个漫长的变动过程；在前现代，由于并没有现代的领土、主权和国民意识，传统国家的疆域是移动的、变化的，并不是"自古以来"就如此。

在日本历史学界，像是国家疆域是在历史中逐渐形成的，国家同一性也是在历史中整合的这种看法几乎是共识。举几个例子。

在《中世日本的内与外》（《中世日本の内と外》，筑摩书房，2013年版）的序文中，村井章介就以北海道为例强调了这一点，他说，在中世时，北海道并不是日本的"国内"，而阿伊努人也不是日本的"国民"。他在其他著作中也曾经以琉球、对马为例说到这一点。同时，也不能用现代国家的观念来理解传统国家的内部差异，因为传统国家并没有统一的国民概念、文化习惯和平等制度，内部也不是同构型的。所以，如果再看另一个日本学者网野善彦的《日本历史上的东与西》就会发现，我们过去以为的因为处于封闭的海岛，所以是一个民族、一个国家一脉相承的日本，原来也是东是东，西是西，本来不像一个国家。在该书中，网野善彦以"西船东马"为核心论述了日本东西文化的差异，而且从语言、民俗、考古、历史和社会等方面说明"日本"不是一个，至少是东和西两个。

如果这种说法还不算严厉，还可以再看冈田英弘的《日本史的诞生》，在该书中，他对日本自己的祖先和历史瓦解得不留情面。这本书的第一部分就叫"倭国是中国世界的一部分"，第一部分的第一节就说邪马台是中国的一部分；而且他还认为，日本的建国者是华侨，日本人在文化上是华侨子孙（第56页）。为什么？因为他的观点是，这个时代的倭国、邪马台都是作为中国周边而被中国文献所记载的。所以，他对中国史的某些看法，其实是他变动的历史观念的表现，因为在他看来，早期国家其实没有我们今天想象的确定性，它只是历史的产物。

2020.6.29

与梁文道在"八分"对谈全球史

通过互联网与梁文道做"八分"对谈,差不多一个小时,倒是顺利。

主要谈的是全球史、国别史、区域史。他的问题是,高中历史中应不应该有全球史,如何建立超越国境的历史,政治史是不是全球史中的难点,此外,还涉及国家认同与世界公民的平衡等。

谈话主要围绕以下五个问题:

一、很多人都以为,我们这次在"看理想"开设的节目(《从中国出发的全球史》)的主题既然是全球史,那么一定会牵涉到"全球化"的问题,并且认为这次节目的策划人跟主讲人大概会对眼前的"反全球化"趋势有一定的看法甚至预判。关于这种误解,我们需要做一些解释。

二、既然要讲全球史,为什么还要强调"从中国出发"而不干脆直接讲"全球史"?

三、"内／外"二分是以往史学，甚至一切人文社会科学都很常见的一种框架，它的基本前提就是国界的存在，而国家则是一种基本"容器"。如今盛行的全球史对这种基本预设形成了重大挑战，那么，从全球史的角度看，国界是否仍然有意义？我们还能不能很精确地去区分什么是内，什么是外？

四、中国向来有一套以王朝为主要单位的官修史学传统，尽管官修史学的时代在理论上已经结束，但是今天一般中国人对中国历史的认识仍然不脱王朝兴替的框架。那么，在今天全球史书写的影响底下，我们是不是有可能发展出一些截然不同的叙述模式？

五、今天主流的历史教育，仍然把历史分成本国史和世界史。在全球史的浪潮面前，这种区分是否仍然站得住脚？这个问题也一定会牵扯到历史教育的问题：假如历史教育接受了全球史的影响，是否就表示过去的历史教育失去了养成国民的意义？

2020.6.30

与兴膳宏先生难得的见面

去饭田桥的大都会酒店,看望兴膳宏先生。

兴膳宏先生来东京的日本学士院开会,刚好能够见到一面,实在难得。上次见到他,还是2015年的12月在宇治,那时,我也正好在东京大学客座,他老伴儿也还在世。兴膳宏出生于1936年10月,已经八十三岁,前些年摔了一跤,颈椎摔坏,几乎瘫痪,还好能够逐渐恢复。但是,去年他老伴儿去世,今年又因为胆囊炎开刀,都使他变得衰老。令人感动的是,他仍然坚持工作,接续吉川幸次郎注释杜甫全集。见面的时候,我扶了他一下,感觉他现在非常瘦,不良于行,要拄杖缓缓移动,但他居然还从宇治到京都,再坐新干线,从东京站换地铁到饭田桥的酒店,让人不得不佩服他的毅力和理智。

我们随意聊了一下近况,随后在酒店餐厅吃西式快餐。意外的是,他居然能够把一块很大的比萨几乎吃完——"廉颇尚能饭",这也让我们看到他顽强的生命力。他说,他在宇治住处每天散步,也每天工作,还要在7月18日京都的中国文学会上发表主题演讲。他也提到,在日本学士院院士中,中国研究领域只有四人(斯波义信、田仲一成、吉川忠夫和他,两个治中国文学,两个治中国历史),但他似乎不是很熟悉同为学士院院士的渡边浩,也许因为渡边浩是社会科学部的,且属于日本研究领域。

饭后突然大雨,我们和他一道坐出租车,送他到上野的学士院。告别之时,大雨居然很奇妙地停了,于是,我们走路经上野公园、不忍池回到汤岛住所。

七月

2020.7.1

读大隅清阳《律令官制与礼秩序的研究》

读大隅清阳的《律令官制与礼秩序的研究》(《律令官制と礼秩序の研究》，吉川弘文馆，2011年版)。

过去学界总是强调古代日本在国家形成过程中，由于学习隋唐而成为律令制国家，比如，西嶋定生就以汉字、儒家、佛教和律令制国家作为东亚文化圈的四个共同特点。但是，政治制度与文化在移植中，总是会被本地的社会与文化改造，这就是日语中所谓的"受容"与"变容"。表面上的律令制，在中、日会一样落地么？这可能也是"活的制度史"应当考虑的问题，也就是说，不要光注意制度的制定，更要注意制度的实施。中国老话有点儿俗，不过作为比喻很适用，"上有政策，下有对策"，实际上的国家和社会中的民众，未必都是照着制度规矩生活的，他们会变通，有自己的活法。

大隅清阳在这本书的第二部分"日唐仪制令的比较

研究"第一章"仪制令与律令国家"中，比较了《唐令拾遗》与《养老公式令》中有关诏书署名的部分，指出唐令用"臣某"，而养老令用"臣姓"。在这一点上，日本与中国不同，这说明"日本的署名形式，并不是在表示中国式的皇帝与臣下即君臣关系，强调的更是臣下们相互之间身份上下的倾向"。接着，大隅清阳更指出，中国的称"臣"是相对于"皇帝"，是表示与皇帝上下一对一的君臣关系；而日本则不同，日本的称"姓"虽然也表示对天皇的从属与奉仕，但对朝廷其他成员来说，更是对自己的血统和政治地位的夸示。本来，隋唐律令制的引进，应该是对皇权的神圣化和对臣民的压抑，但是律令制在日本的成立，却并不意味着"姓氏"所代表的族姓秩序完全转换为中国的君臣秩序："日本的天皇权力，不可能像中国那样建立专制君臣秩序，仍然承认传统的贵族制、身份制，并整合为独特的礼仪秩序。通过这种方式，天皇才能开始扩大自己的权力。"（第198—199页）

在同一章的结语中，他再次指出，律令制在中国建立了以皇帝为顶点的"均质"的专制型君臣关系，而日本的大宝令、养老令，则在统治阶层内部形成和固定了贵族制的身份制：在中央，有以"姓"（カバネ）来表示阶层之间的身份秩序和位阶的"五位"制。他举例说，古代日本

豪族的称号，有臣（おみ）、连（むらじ）、造（みやつこ）、直（あたい）、首（おひと）、史（ふひと）、吉士（きし）等三十余种。天武天皇在684年确定"八色"之姓，虽说是以皇族为中心，但也不得不承认贵族的身份地位。（第2—3页）

表面同是律令制，深层却是不相同，这就是丸山真男所说的，背景的嗡嗡声始终在修饰甚至限制着主旋律。在第三部分"律令制与礼的受容"的第一章"唐的礼制与日本"中，大隅引用《日本书纪》推古十二年（604）四月戊辰条记载指出，《宪法十七条》第四条"群臣百寮，以礼为本，其治民之本，要在乎礼"中的"礼"，虽然是沿用中国儒家的政治意识形态，但真正实行的时候不一样。按照中国制度，宾礼的特色之一是皇帝本人掌握天下外交，在京城皇宫接见使节，接受国书和贡物，亲自主持作为外交礼仪中心的朝觐宴会；但是，推古朝以前的大和政权，迎接外国使节却不是在皇宫，而是在难波等地设置的客馆，实际的外交掌握在臣、连等畿内有势力的豪族手中，直到推古朝才逐渐接受中国宾礼的影响。但即使如此，7世纪的时候，接待朝鲜等使节的仪礼仍然不在宫中，而是在难波馆。要到文武二年（698），文武天皇才作为国家元首接受新罗使节的朝拜。大隅认为，"这一事件象征着持有独自礼仪的日本律令国家作为远东小帝国的最终成立"。

所以他强调，尽管"与中国相比，大宝、养老令时代的日本之礼，限于狭义的政治性秩序，试图建立以天皇为顶点的，单纯的向心性构造的国家"（第350页），但这种努力似乎很漫长，最终也不彻底。依我的理解，这是因为中国从秦汉以来就是郡县制，皇权的力量渗透到地方基层社会，皇帝一人独大，而日本始终保留了贵族社会和地方封建，那种使得国家"均质化""同一化"的律令制未必能够完全贯彻。所以，网野善彦才说日本古代国家是"早熟"的。

在这部分第三章"礼与儒教思想"中，大隅也提到1970年刊行的《律令国家论》（青田和夫、池田温、石井进、薗田香融、早川庄八、吉田孝等编：《シンポジウム日本歴史四·律令国家論》，学生社，1972年版）中，"礼的作用和家族组织的差异"（礼の役割と家族組織の相違）一章已经指出了中日之间礼法的这种差异。特别是，作为基本单位，中国社会组织有父系制的"家"，可以通过冠婚丧祭等家族礼制来维持，并且把它放大到国家制度体系里，因此家族法也引人瞩目。可是，在日本律令中，这一特色却比较稀薄。

也许，这里隐含着日本与中国社会政治文化的某种结构性差异？

2020.7.2

与渡边浩第三次见面

中午再到东天红九楼的中餐厅与渡边浩见面,三人一起吃了很简单的快餐。从餐厅的落地窗俯瞰不忍池,满池的荷叶在风中翻滚,荷花还没有露出来,那片绿色看上去有些异样。

他已经读了我给他的论文,也就是准备八月给日本儒教学会宣读的那篇《制度化、常识化和风俗化》,他对其中涉及日本的部分提了一些具体意见。由这篇文章,我们聊到中日政治社会文化差异,聊到德川时代的将军与天皇之间的关系,也聊到日本当代的儒学研究。

他提及的一些问题我能理解,比如他不赞成我用"精英"一词来包括儒家知识分子、上层贵族和武士,他说,日本的精英(elite)不包括儒家学者,武士阶层最初也不学习儒家知识,只是学习战斗;由于没有科举制,儒家学者并没有精英地位,常常可以兼为医生。他又说,儒家在当代日本也没有什么影响,所以日本学界不会有"儒教""新儒家"的问题和争论。

也聊到上野德川家族与宽永寺。他说东京的上野叫"东叡山",乃是与京都的"比叡山"相对。上野的宽永寺,也与京都的延历寺一样,用了年号作寺庙名称;而德川家康死后,有东照宫祭祀封神,叫作"东照大权现",这和京都的天皇是"天照大御神"的子孙一样。本来,幕府将军乃代替天皇执政,象征的是政治和军事权力,天皇则是名义上的最高人物,象征的是神圣和文化权力,但是这种分工也有问题:最终谁是真正的"神",谁是真正的"天"?江户时代是幕府将军权势最盛的时候,但到了"黑船事件"之后,情势紧张,这个根本矛盾就出现了,边缘的萨摩、长州等藩就借了机会"尊王攘夷",把幕府推翻,开始了明治维新。

渡边浩开玩笑说,从"尊王攘夷"(强化中央集权)和"撤藩置县"(从封建制转向郡县制),表面上是朝向西方现代化,实际上是日本走向"古代中国化"。这个说法很有意思。

2020.7.3

箱根的环翠楼

今天陈力卫夫妇陪我们去了箱根。

车上了中央高速路,很快便开出东京。劲风卷着雨滴,哗哗地打在车窗上,看到模糊不清的高速路指示牌上出现"往横滨"三个汉字,我才突然意识到,这居然是几个月来我们第一次离开东京!上一次离开东京,还是二月初去水户,转眼已经五个月——新冠病毒流行,只能蜗居在东京,更准确的说法应该是困在上野一隅已经快一百五十天了。陈力卫夫妇极力劝我们去箱根,还愿意开车陪我们,我们当然要鼓起勇气外出。

从东京到箱根,不过一个半小时。最后一截路程从平原进了深山,景色顿然一变。沿路看到箱根的山郁郁葱葱,树林浓密得黝黑,淅淅沥沥的雨声和哗哗作响的溪水声好像把东京的都市喧嚣一下子隔绝开。

我们下榻在箱根的环翠楼。这是一座明治时代的日式旅馆，康有为、梁启超和孙中山都曾住过，过去日本的伊藤博文这些名流也常常来此，大概是因为箱根不仅有温泉，而且靠近著名的大涌谷和芦之湖——从芦之湖可以眺望富士山。尽管经过了重建，如今的环翠楼大体还是保存了过去的格局：楼在轰然作响的溪流边上，藏在雨雾和绿荫之中，露出几角飞檐。确实是这里最好的旅馆。

观美景之外最好再了解点儿历史和典故，才是理想的旅游。因为陈力卫事先已联系了旅馆主人，他们才让我们上三楼观赏他们的收藏品。其中，康有为有几首专门为环翠楼手书的诗，如《登箱根顶浴芦之汤》《环翠楼浴后不寐夜步回廊》等，据说因为时代久远而纸质太脆，不敢轻易拿出来，只是特意给了我们复印件。康有为有书家之名，他的《广艺舟双楫》影响很大，可是我并不喜欢康有为这个好为大言的人，特别是他那些狂言被如今的"康党"夸大为先知预言之后，就更是不喜欢了，倒是他的弟子梁任公要来得可爱和坦率得多。主人让我们观看的真迹中，最主要的就是梁启超手书杜甫五言诗《倦夜》的屏风，诗曰："竹凉侵卧内，野月满庭隅。重露成涓滴，稀星乍有无。暗飞萤自照，水宿鸟相呼。万事干戈里，空悲清夜徂。"

屏风放在三楼大厅的角落。我并不是一个好的艺术或文物鉴赏者，只是随意浏览，并没有见了故人的那种特

夜色中的环翠楼

别的激动,也不像过去曾来过这里,还写过《夜宿环翠楼》的(夏)晓虹和(陈)平原,我看过也就算了。唯一印象深刻的是,那时不过二十六岁的梁启超似乎写字很粗心,为六扇屏风书写杜诗却忘记计算字数,害得最后八个字"干戈里,空悲清夜徂"要缩小了放在最后,和自己的署名挤成一团,可见他当时也没有特别用心。当然,梁的字写得倒真不错,正如很多懂行的人说的,刚劲有力而有魏碑之风。

泡过温泉,去小田原附近背静处的一家居酒屋吃海鲜。回来的路上,夜空漆黑,山影绰约,溪流喧嚣,躺在日式卧房中,竟夜不能寐。

环翠楼上梁启超书写的屏风

2020.7.4

冈田美术馆

早上起来,在环翠楼吃早餐,边进餐边看风景。隔着餐厅窗户,看外面咆哮奔腾的溪水,山间起伏的雾岚与绿树掩映的小径,只是风也大雨也大,听屋檐上水声潺潺。外面的广播一遍又一遍地告知大家,天气不好,山上有危险,所以上山缆车也暂停,还特别劝告游客不要往大涌谷去。日本人都很听话,我们也只好从众。陈力卫说,倒是可以去小涌谷,看冈田美术馆。

大雨中到达了冈田美术馆。这个藏在深山中的美术馆意外的大,票价也比一般美术馆贵,每人2800日元。尤其让人懊恼的是,不准携带任何东西进入,包括照相机和电话。老话说,到了山门,怎能不拜佛?无奈之下只好进去随喜。不过,这个美术馆五层展厅确实有不少好东西。首先是陶瓷,除了有名的"天目茶碗"(所谓"曜变油滴")[1]黑釉）外，还有中国北宋定窑的白瓷碗，确实温润晶莹，应当是宋代精品。此外，定窑、磁州窑的精品也不少，让人吃惊这个博物馆是从哪里收得这么多好东西，真不可思议。宋代之外，元明瓷器则以景德镇官窑为主，也有彩色的漳州窑瓷器。还专门设置一室青瓷，既有北宋汝窑、龙泉窑，也有高丽青瓷。而清代景德镇瓷器中的那些单色瓷器，让人更有"瓷器是否一定是一代不如一代"的怀疑，因为有几件单色的清代瓷器实在是很美，绝不逊色于宋元名品。

当然，这是日本的美术馆，看完中国、朝鲜的陶瓷，接下来就是日本的东西，如肥前瓷器与古九谷、伊万里、锅岛烧等，几乎可以当作东亚陶瓷史的专门展览。其中有一个"色绘周茂叔爱莲文皿"，是江户时期（大约17世纪后半叶）的有田烧（柿右卫门样式），让我驻步良久，只见一舟二人，荡漾在湖面，湖上有莲花莲叶，岸上则是面目不清的周敦颐，似乎在面对小舟沉吟，倒是意趣盎然。

馆中的精品除了陶瓷，就是绘画。有江户时代画家喜多川歌麿的三幅画，分别是《品川之月》《深川之雪》

---

[1] 日本称"建盏"为"天目茶碗"，以"曜变"为第一等，现存完整的三只宋代曜变都在日本，被奉为国宝；其次是"油滴"。

和《吉原之花》，创作时间大体上相当于中国的乾隆后期到嘉庆初期，基本可以说是江户时代的女性群像。也许，他笔下的这些女性多是歌儿舞女？应该说，这些画作呈现出江户时代日益商业化和世俗化的氛围。而正是日本绘画传统中的那种色彩艳丽和形式凸显促成了所谓的浮世绘画风。刚好这里特别举办纪念浮世绘大师葛饰北斋诞辰二百六十周年的"葛饰北斋肉笔画"，其中特意展出了他创作于19世纪初的两幅重要作品：一幅是《夏之朝》，画一个新婚女性早起梳妆照镜的样子，旁有一男性和服挂在竹竿上，暗示性很强；另一幅是《美人夏姿图》，画的是和服美女的慵懒之状，这大概是葛饰北斋浮世绘常见的主题。对我来说，倒是这次没有拿出来展览的《富岳三十六景》更有意思，十年前我们曾在美国华盛顿看过。

我觉得，葛饰北斋其实是个相当世俗化的画家，他画春画（如《万福和合神》），画葛饰漫画，也刻印木版画，确实容易影响到欧洲对东方艺术的兴趣。我的一个感觉是，日本似乎对雅俗之分远不如中国那么敏感和严格，所以，他才成为日本艺术的巅峰之一。有意思的是，他活了九十岁，还总觉活得不够，不时祈求上苍再给他若干年，并在临终前留下遗言："余将化人魂，夏日散步原野上。"不知怎的，他总让我想起又雅又俗的齐白石。其实，和齐白石一样，葛饰北斋也是商业化了的江户的一个既俗又雅的象征。这些年来，日本绘画史上的作品，从狩野、葛饰北斋、河锅晓斋、横山大观和东山魁夷以下，我都看过了不少。这次倒是宫川长春（1682—1752）的《游乐图卷》让我觉得有意思，上面画了江户春天游乐，有湖击鼓猴戏、货郎担、扛箱子小贩、拨浪鼓算命先生、武士与僧侣、二人乘肩舆、木偶之戏等，据此可以了解江户时代人们的生活状态。

冈田美术馆还有其他不少展品，如中国的青铜器、朝鲜的漆器、日本绳文时代的土偶等，不过印象都不深，倒是美术馆隆重推出了一个日本当代画家福井江太郎的画，此人不过五十岁，一面搞行为艺术，有一幅题为《无》的画，实际上是正面的龙头，据介绍，是现场泼墨用笔加手炮制的；另一面也画大幅壁画，现在美术馆向外的标志性巨幅壁画《风神雷神》就是他的作品。

在美术馆旁边名叫"开化亭"的茶室吃了乌冬面，离开之前还在美术馆特别设立的水槽中泡了泡脚。这一带处处是温泉，美术馆特意做了一个给参观者泡脚的水槽，大概也是吸引参观者的方式之一。山上气候起伏不定，狂风挟着雨幕呼啸飘摇，忽而风雨大作，忽而雾霭遮蔽，忽而又烟消云散，真是怪异。我们的车左右盘旋了好久，终于下山到了小田原。

出得山区到了平地之后，却刹那间风消雨歇，前面居然是一片晴空。

2020.7.5

夏目漱石和鲁迅的故居

上午去拜访了当年夏目漱石和鲁迅的故居,在旧驹込西片町。

那里现在早已经换了主人(主人姓中冈),大概旧宅也已经几度翻新。我知道是这个结果,但到那里去,也只是去致敬而已。

鲁迅当年到东京,先是住在汤岛二丁目的伏见馆——汤岛二丁目与我们现在的住处汤岛三丁目是近邻。突然想起,几年前在波士顿访学,我们在哈佛街的住处也与陈寅恪1920年的故居很近。有缘与文史两界"最痛苦的灵魂"为邻,也真是很幸运,但也不知道这象征什么。

鲁迅住的房子,此前是夏目漱石在明治三十九年(1906)住的(那时夏目漱石已经因为《我是猫》而成名),也许是慕名的缘故,鲁迅的朋友许寿裳租下了这个房子,但据说租金很贵——这里是高级地段,与下町区域不可同日而语。但恰恰因为租金贵，他约了鲁迅兄弟和其他共五人居住，不过，没多久他们也搬家了。

当年中国留学生总是选择住在这一带，也许是与书店街、补习学校和大学较近的缘故吧。

西片町的鲁迅故居

2020.7.6

买书与读书

冒雨走路去神保町，在三省堂书店，把尾藤正英《日本文化的历史》(《日本文化の歴史》)买下，此书写得很简明扼要，2000年出版后，至今已经是第二十次印刷。顺便补购了檀上宽的《陆海交错：明朝的兴亡》(《陸海の交錯：明朝の興亡》)，这是系列中国史的第四册，上次买这套书的时候恰好缺这一册。又买了一本荒野泰典的《"锁国"再研究》(《「鎖国」を見直す》)。这三本书都是岩波书店的出版物。

在四楼的日本思想区，丸山真男的著作占了最大空间。《丸山真男讲义录》（七册）收录历年"日本政治思想史"课程的七次讲义（从1948年到1967年），看了看目录，似乎他每一次都有修订，内容也常常不同，看得出是认真教书的学者。不过，身后能把历次讲义统统整理出版，大概是作为大学者丸山真男才有的殊荣？又看到五卷本《日本思想史讲座》(2015)，其中第五卷《方法》中有关中国的日本思想研究部分，居然唯一专门介绍的是我的那篇《谁的思想史，为谁的思想史》，但作为主编的两位老朋友黑住真、末木文美士却都没有告诉过我。

回到住处，读《明实录》卷二三二（洪武二十七年四月十一日）有关明初朝贡的内容，录两条资料：

"更定'蕃国朝贡仪'。是时四夷朝贡：东有朝鲜、日本；南有暹罗、琉球、占城、真腊、安南、爪哇、西洋、琐里、三佛齐（苏门答腊）、渤泥（今文莱）、百花、览邦（苏门答腊南部楠榜省）、彭亨（今马来半岛北部）、淡巴、须文达那（即苏门答腊），凡十七国。"

"上以旧仪颇烦，故复命更定之。凡蕃国王来朝，先遣礼部官劳于会同馆，明日各服其国服。如尝赐朝服者，则服朝服于奉天殿朝见，行八拜礼毕，即诣文华殿朝皇太子，行四拜礼；见亲王亦如之。亲王立受，后答二拜。其从官随蕃王班后行礼，凡遇宴会，蕃王班次居侯伯之下，其蕃国使臣及土官朝贡，皆如常朝仪。"

三省堂书店四楼日本思想类图书

2020.7.10

日光行

今天，李廷江教授找了一部商务车，陪我们去日光。

这是我第二次去日光，上次去还是2014年，当时复旦大学（文史研究院）和普林斯顿大学、东京大学三校合作的会议在东京召开，会后，东大东洋文化研究所招待我们去了日光。尽管在日光住了一夜，但第二天只是匆匆看了被重重遮蔽起来，正在维修的轮王寺金堂和东照宫。

车子在细雨中开了两个多小时，十点过到达轮王寺。这次，轮王寺金堂刚刚修缮一新，三尊佛像都闪着金光，而墙壁也被修饰得漆色红亮。这座金堂相当宏伟，只是介绍的和尚的讲解，商业气息实在太浓，讲解一下就要人购买东西，未免有点儿煞风景。廷江兄好像颇有宗教信仰，不仅到处丢钱拜拜，还买了3000日元一个的轮王寺驱邪牌，金光闪闪的。他倒是好心，也给我们买了一个。

供奉德川家康的东照宫更让人惊叹。上次我们来的时候，正好下了一夜的雪，当然，雪中风景也不错。不过，这次看得更加仔细从容。值得注意的是，这里有荷兰国献的铁灯笼，风格果然与中国或日本的不同，而用葡萄牙铁铸造的献灯也相当有意思。最值得惊艳的是国宝阳明门，上面精致而繁复的雕刻和金光闪闪的门饰让这座并不大的门显得格外耀眼。阳明门正对着的，是东照宫的正殿之门，虽没那么耀眼，但是显得更古朴。穿过这两重门，才是东照宫的正殿。当年德川家康去世后，为了追祀他为"东照大权现"，与"天照大神"相匹配而修的日光东照宫，直追天皇的隆重与庄严。这里处处是七八百年的巨树，映衬出一片葱郁的墨绿。有趣的是，那只在门楣上的"睡猫"居然也被奉为"国宝"，我左右看了很久，也没看出这只睡猫有什么特别之处，倒是马厩上面那些负责管着马的猴子很可爱。想起邢义田兄研究的"马上封侯"图像，也许这也是一个例子，说明这种传说已经传到东瀛。

回到轮王寺，又去看了看宝物馆。里面有德川家光的手绘画和字，虽然不很高明，但也看得出，第一代家康是南征北战打仗的武将，到了第二、三代则开始追求文化。里面还有朝鲜国王给德川家写的字、荷兰商人送给将军的珊瑚、通信使赠送的兽形木俑等，但更好的是宝物馆外面的庭院，小桥、水塘、繁树和奇石相映成趣，看上去精致

中禅寺湖

得不得了。

这次运气很好，只是偶尔洒几点雨，有时还露出几缕阳光。在一家日式快餐厅吃过午餐后，又驱车去中禅寺湖。湖在很高的山巅之中，车子盘旋而上，不知兜了多少圈。大概跃上一千三百米后，豁然开朗，好大一个湖面，水色潋滟，微波不兴，好像一面镜子，环以层层叠叠的青山，其中叫作"男体山"的，仿佛小一号的富士山，只是上面没有雪，只有缥缥渺渺的雾霭山岚。

中禅寺就在湖边，我们进去随便参观了一下。寺中的一巨树身上长着树瘤，僧人说，人可以转移身上的瘤子给巨树——这倒是来自古代中国《五十二病方》中的传统方法。这座寺院有名的是立木观音，也就是大木头雕成的千手千眼观音像，据说有一部分还埋在地下。

依山傍水修成的寺庙倒是也很秀丽。走出寺院上方的回廊，远眺湖水远山，则更加让人心旷神怡，不免匆匆走到湖边，观赏了好一阵青山翠湖的风光。

病瘤之树

2020.7.12

给"理想国"十年题词

走路到神田神保町附近的东方学会(本馆),在昏黄的灯光下,看这栋近百年的建筑,门楣上的"东方学会"四个字,被长得太浓密的棕榈树遮住了一半,只剩下"学会"两个字露出脸来。

记得1998年我在京都大学担任客座教授的时候,兴膳宏和吉川忠夫两位先生还特意安排我在东方学会(京都)大会上作主旨演讲,我当时讲的题目是《妖道与妖术》,讲完后还大受好评。东方学会过去很辉煌,原本好像是日本外务省支持的,成立的年头很长,所以平田昌司说,东方学会很有钱。

刘瑞琳女士让我给"理想国"十周年写一段话,想了一下,随笔写下几句(相比手稿略有修改):

> 在我的感觉中,过去的十年并不是日历本上的

三千六百五十来天，却好像是一个时代，一个时代结束，一个时代开始。作为历史学者，在颠簸变动的时代里活着，有幸也有不幸。有幸的是，你不仅每天在文献里回溯着悲欣交集的历史，也每天在生活中亲历着头绪纷繁的现实。放下书本，拿历史与现实对照，终究读出了文献中没有的意味；不幸的是，这十年的世界和中国，风云翻滚，身在此山中的人未必真的能穿透这诡谲变幻的烟云，预见时代的走势。很悲哀，你只能身不由己地被历史裹挟得跌跌撞撞。

　　我总期待，再过十年、二十年、三十年，会有的历史学者能回头勘透这十年的变动。因此需要亲历历史的人们，动笔把经历的、看到的，甚至是听到的记录下来。可能你记下的只是琐事，但对于将来的历史学者，也许就是历史档案。晚清山西读书人刘大鹏的《退想斋日记》，原本只是记他生活中遇到的琐事，但在后来的历史学家看来，这些琐事却呈现了"二千年未有之巨变"的大时代。

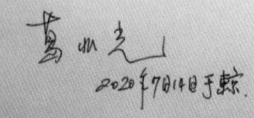

在我的感觉中，过去的十年并不是日历表上的그냥十年而已，却好像是一個時代，一個時代结束，一個時代開始。作為歷史學者，在劇烈变动的時代洪流，有幸也有之幸。有幸的是，你从每日在文献里回溯着悲欢交集的歷史。也每天在当下亲歷着頭绪纷繁的現實。放下書本，拿了歷史地琐碎對照，终究讓人乏味冲没有的意味；不幸的是，这十年的世界與中國，風雲翻滚，身在此中的人未必真的能穿透詭谲漫幻的煙雲，預見時代的走势，很悲哀，你未能身处其中也被歷史裹挟着狼狈挣扎。

我衷心期待，再過十年、二十年、三十年，會有歷史學者能回頭勤逢這十年的變動，因此需要親歷歷史的人們，勤奮地记录下，看到、感受到,甚至只是聽到的点点滴滴，意绪者是越细致。可能，你记下的不过是琐事，但對於将来的歷史學者，也許這就是歷史檔案。晚清以西叫個讀書人到上海看了這理简单日记，寄给他记录了身邊琐事，但今天知歷史者却經由他的琐事，看到了三十年來的大波局。

 高hi志
 2020年7月14日于燕京

给"理想国"十年的题词

2020.7.14

在上野东京国立西洋美术馆看画展

去上野东京国立西洋美术馆看展览。

特展是四五十幅来自伦敦国家美术馆的各种油画，分别为"意大利文艺复兴绘画的收集""荷兰绘画的黄金时代""凡·戴克与英国的肖像画"和"西班牙绘画的发现"等几个部分。15世纪，受意大利文艺复兴艺术作品的影响，英国也开始了收藏和绘制油画的历程，其中有一些英国人实地到威尼斯和西班牙绘画，也有后来自己形成风格之后的各种绘画。过去我对英国绘画史了解很少，所以对这些展品不免有些陌生，对那种精致而细腻的油画风格也并不觉得有特别的触动。只有最后特别安放在一个半圆形大厅正中的凡·高的《向日葵》，享受着类似《蒙娜丽莎的微笑》在卢浮宫的隆重待遇，让人觉得惊艳——也许这也是日本人特别喜欢凡·高的缘故。据解说，凡·高有七幅不同的《向日葵》，其中，日本原来收藏的一幅被战火所焚，战后

和布朗先生一道

日本人又以天价拍卖了一幅。今天展出的这一幅是第四幅，收藏在伦敦。

接下来看常设展。我的感觉是，东京国立西洋美术馆的常设展比起特展似乎更好。从明治以来，日本人就努力学习西洋，把西洋当作文明楷模，所以有钱有闲的人大量收藏西洋绘画——过去我们看过的黑田绘画馆就是例子。而东京国立西洋美术馆的开创者松方氏，也是早年游历欧洲，并大量收藏洋画的人。我在馆中藏品中看到，他居然那么早就收藏了印象派大师雷诺阿的画作。经过百余年，日本已经积攒了好多西方绘画精品，这不能不说是中日之差异。有些中国人有钱了，多是去拍卖行收购中国文物，对西洋艺术似乎总是没有太大兴趣。所以，我的感觉是，日本的学习是"横向"的，总是学外面的，然后化为自己的；中国的学习是"纵向"的，不断回向传统，因而总是在传统中轮回。

常设展中最先看到的，是罗丹的几尊雕塑，熟悉的《思想者》《巴尔扎克》和《大卫》，居然这里都有收藏，真是令人叹为观止。而常设展中的绘画就更好了。我很喜欢尼古拉·拉吉利埃（Nicolas de Largilliere，1656—1764）的《贵族小孩的肖像》，还有一幅是马奈（Édouard Manet，1832—1883）的《布朗先生的肖像》，也很有朴实

从中世到文艺复兴的写本展：祷词与绘画

亲切的趣味。不过,让我更亲近的还是莫奈——莫奈的绘画居然整整占了一个展厅,其中有熟悉的《睡莲》、似曾相识的《雪中的阿让特伊》和巨幅的《黄色的鸢尾花》,真是棒极了。

最后,去看筑波大学名誉教授内藤裕史捐赠给东京国立西洋美术馆的"从中世到文艺复兴的写本"。这些写在羊皮纸上的,多数是祈祷书,抄写(后来也有印刷)得极为美观,而且往往装饰了华丽的图案。悬挂的四种文字(中日韩英)的解说词写得很好,对欧洲中世纪的祈祷仪式和经典念诵有相当清晰简明的介绍,对理解这些写本也相当有帮助。

2020.7.22

读尾藤正英《日本文化的历史》之一

尾藤正英《日本文化的历史》(《日本文化の歴史》，岩波书店，2019年版) 是一本名著，收入岩波新书。

尾藤引用佐原真的说法，把从弥生时代（原始时代）到日本古代国家形成的过程，叫作"古代化"；他还认为，与这一段历史相对应的另一个过渡期，是从战国时代到江户时代，这是"近代化"（第11页）。他又引用埴原和郎的说法，认为绳文人（从旧石器时代到新石器时代）是来自现在的东南亚接近南亚的黄色人种（也算广义的蒙古人种）。到了公元前3世纪，日本则开始进入弥生时代，弥生人是经由北亚和朝鲜来的北方系统蒙古人种，他们传来农业和金属，最初生活在九州岛北部和山口地区，经由中国、四国进入近畿。之后，弥生人逐渐征服了绳文人，彼此混血，形成了后来的日本人。

但是他也说，两者终究还是有差异。北方系的弥生人，长脸,较高,单眼皮,细眉毛,干耳屎;南方系的绳文人,则方脸,较矮,双眼皮,浓眉毛,湿耳屎。所以,说日本人为单一民族其实是不对的,应当说是混血的民族,只是这混血的程度在不同的地方各有不同,像北海道和冲绳,受到弥生人的影响较小,而绳文人留下的特征较强(第14页)。

但应当注意的是,这一说法的前半是肯定民族的"移动和混融",后半则又预设了包括北海道和冲绳在内的现代日本,自古以来也是"日本"——这似乎与近年来日本史学界的主流看法不同。尾藤正英认为,由于日本文献缺乏(《古事记》《日本书纪》是7世纪的文献,其内容多是神话传说,不可信),从4世纪到六七世纪,也就是日本的古坟时代,中国文献对日本的记载不仅简略,且争议很多(比如"倭"的位置),所以,应当主要寄希望于考古。而在考古发现中,相当重要且具日本特色的是"前方后円坟"(第17页),因为朝鲜半岛和中国都没有这种古坟,它在日本的全盛期是4—5世纪。其中,最典型的是大阪地区的应神陵古坟和仁德陵古坟,其宏大足以与埃及金字塔相匹敌(第18页)。他引用考古学家水野正好的说法,认为这种前方后圆的坟是举行继承王权或者地方首长权力的仪式之场。据猜测,半夜从后方圆形坟顶将死亡的老王（或首领）下葬，同时在坟顶举行王权继承仪式，天亮时分转到前方进行，百官有司在前方向新王宣誓。据他说，从后向前移动的仪式和神话中的"天神降临"有关，因为中国古代"天圆地方"，天神降临就是从"天"到"地"。这是否真的可靠还不清楚，但他说，确实在古坟上发现了作为宗教仪式的埴轮残片，这应该就是后来所谓的"践祚"（第18页）。根据水野正好的说法，这类古坟中，最大的前方后圆坟是大和政权的；也有稍小的，是地方首领的。这一点恰好说明，那个时代的日本，历史在逐渐整合，虽然存在着各个小的地方政权，但也逐渐在向统一的大政权过渡。

不过，在明治维新之前，这些古坟统统叫"大山古坟"，应神陵叫作"誉田御庙山古坟"。这些巨大的古坟是天皇家的吗？被葬者究竟为谁？其实并不清楚。这一点和国外皇陵的情况不同。尾藤正英说："从这一点看，古代日本真的有祖先崇拜的习惯吗？这是有重大疑问的，这一点需要重新思考。"（第19—20页）他认为，在某种意义上，古坟时代这种在前方后圆的坟茔上举行的仪式，是以宗教的象征性力量促成六七世纪日本国家的统一，所以，它的传统宗教性意义渐渐淡薄，而现实政治国家的性格逐渐增强。一直到推古天皇、圣德太子和大化革新（645），正是宗教力量支持下的古代国家的形成促进了各地豪强私有土地与人民的国有化，即推行所谓"公地公民制"（第24页）。

但他也指出，日本和世界其他地区的家族制度有差异，这一点很重要。一般来说，世界上往往不是父系制就是母系制，而日本是"双系制"（Bi-lateral System）。父系制的典型是中国汉民族，"姓"很重要，"同姓不婚，异姓不养"，特别是不太支持非血缘亲的养子。但日本没有这种规矩，像是异母兄妹结婚，即使在皇族系谱中也不少见。他认为，这种双系制在东南亚很多，因此日本的双系制有可能和来自东南亚的绳文人有关。不过，就连天皇和上流社会都有这样的情况，弥生人也如此，究竟是不是受到绳文人的影响，也还不是很清楚，还需要继续考察（第25页）。我想，日本的"万世一系"在某种意义上，是不是也与这种婚姻制度有关？因为它并不强调父系制中的嫡长子继承权，所以，不至于出现中国皇权缺乏直系男性继承人的现象，也不至于有中国的"濮议""大礼议"[1]这种伦理意义上的麻烦。

1　宋仁宗无嗣，由濮安懿王赵允让之子赵曙即位，是为宋英宗，随后产生了如何对濮王尊礼的讨论，史称"濮议"。"大礼议"则是明朝的一场关于宗法意义上的父亲和皇统问题的政治争论，以地方藩王入主皇位后，嘉靖想为生父追尊上号，正德旧臣则认为他继承的是武宗的帝位，应以武宗之父孝宗为尊。

尾藤正英也在书中讨论了日本的姓氏与家族，认为日本最初没有姓氏，像苏我氏，指的是领有飞鸟西北的曾我川一带的豪族，又如物部氏，指的是掌管武器的军事氏族。各氏族的"姓"，由天皇赐予，是象征政治地位的称号，这一点与中国不同（第29页）。这也许是日本史学者的认识，但事实上，中国最早的姓氏中，有一些，像司马、司徒作为姓氏，也是官名转型而成。尾藤正英举琦玉县稻荷山古坟出土的5世纪铁剑铭文为例，说上面有先祖オオヒコ到坟墓中下葬的オワケ大王的臣下的系谱，但是没有姓氏。据日本学者研究，铁剑上的115字铭文，是乎获居臣（直）记载自己协助在斯鬼宫的获加多支卤大王（即后来传说的雄略天皇）治理天下，作为"杖刀人首"，于辛亥年（估计是471年）七月铸造了这把铁剑，并在剑上记载了自己的八代：意富比垝—多加利足尼—弖已加利获居—多加披次获居—多沙鬼获居—半弖比—加差披余—乎获居臣（直），虽然其中每一代都写了"其子"，就是儿子的意思，但从他们的名字上看，这里确实没有连续性的"姓氏"。有人考证，"获居"是"别、和气"之意，是王赐给臣下的尊贵称号，后来被赐予的豪族人士可能就从"获居"向"臣"转化，而日本国家也就从豪族共同体向古代国家转型了。

大化革新之前，这些"氏"的首领是地域共同体的代表。有一种说法，大化革新就是以"大王"（天皇）为中心，对这些地域共同体的统合。日本的古代国家，就是从畿内（即大和、河内、和泉、摄津、山城五国）地区的豪族，形成以大王为中心的联合政权，然后对周边逐渐征服，所以才有所谓"畿内政权"的说法。尾藤正英指出，"根据'畿内政权'这种说法，大王（天皇）的权力，并非中国那样的专制型，在行使时会受到强大豪族的制约，而这种作为氏族联合的中央政府的性质，在律令制导入后，也继承下来成为太政官合议制"（第32页）。这与中国秦汉之后皇权一统下的郡县制很不一样。

不过，他也承认这种说法也许太强调了"畿内"和"畿外"的差异，所以又引用长山泰孝的批评，指出国家本身乃是社会内部存在强烈统一要求的时候形成的产物，而日本的特点是很早就在列岛实现了政治统合（第32页）。但这种看法未必正确，学界一致同意的是，尽管7世纪末天武天皇、持统天皇时代制定了"净御原令"，接着8世纪初（701）又制定了"大宝令"，尽管模仿隋唐引进了律令制度，但日本并没有废除氏姓制度。也就是说，虽然姓氏等级序列有所变动，但延续了"氏"，也就是豪族联合国家的性质（第33页）。[按：尾藤正英同时也指出，日本有一种特别的两属系谱,也即"子"未必是血缘意义上的儿子,"与此作为对比的话,某种意义上日本是自律性的集团,与中国必须依存于国家,才能延续父系血缘核心大家族(宗族)不同"(第31页)。由于这种两属性质,虽然以天皇家系谱为中心,但是天皇的母党等豪族,作为地方共同体首领的势力也很大。事实上,推古天皇(554—628,原名丰御食炊屋姬尊,敏达天皇皇后)、持统天皇(645—703,原名鸬野赞良,天武天皇之妃)等都是女性,说明古代日本的皇后家族很有势力。尾藤正英同意水野正好的推测,有可能皇后出身的氏族提供了建造巨大坟茔的空间,所以有人说,应神陵和仁德陵建在河内(大阪),也许就是这个原因。圣德太子以及他的父亲用明天皇,以及推古天皇本身的陵墓,都在河内矶长谷(大阪府太子町),而这正是母党苏我氏一族的所在地(第31页)。]

接着,尾藤正英指出,在制定律令的时候,日本意识到了唐朝与日本在"社会与国家传统"上的差异,特别是关系到家族制度的唐令条文,所以,尽管条文照抄,实际运用方面却不同于唐朝(第34页)。日本"这个(律令制)国家共同体的性质,一方面,是基于氏即豪族自身的地域共同体性格,另外一方面,是建立在氏与氏、氏与国家之间的协作关系上"(第35页)。不过,"由于唐代律令是建立在中国父系制社会基础上的，所以，有些并不适合不同于中国家族制度的，有'氏'的传统的日本"。为什么？我的理解是，如果日本按照唐令那种父子相传的位阶制度，一旦家族的直系子弟没有出息，这就会导致家族的衰落，可是，由于日本并不限于父子传承，一族之中有能力者可以继承族长地位，贵族制度反而能够保持下去。

我的理解是，日本历史上家族制度下的"双系制"、不同姓氏配等级不同的神祇、传续不以直系父子为限，以及古代国家建立依赖豪族共同体合议这几点，在日本的政治文化以及贵族制的延续上，应当是很重要的。

2020.7.23

读尾藤正英《日本文化的历史》之二

继续读尾藤正英。

在第三章"佛教的受容与发展"中，值得注意的是，作者认为，古代日本作为统一国家凝聚力量的关键因素有三，即佛教、象征古代统一国家的天皇，以及影响国家统一的地方贵族。

首先，他强调，在6世纪半，日本社会的宗教状况有变化，例证主要是前方后圆古坟进入后期，而大陆传来的"横穴式古坟"越来越多。这象征着过去只是死亡的王或首领的独葬，现在变成了家族一起下葬，或者是"追葬"。这是6世纪大陆文化影响的结果，使得前方后圆古坟那种在下葬中，对"集团统一性再度确认的政治性仪式"意味越来越淡化；取而代之作为统一国家的宗教象征的，是苏我氏这样有力的氏族修建的飞鸟寺（588年动工，后来名为法兴寺），这说明"古坟时代的原始信仰，向新的信仰佛教的变化"（第 44 页）。

其次，制定"冠位十二阶""宪法十七条"，引入中国的儒家思想与佛教信仰。他认为，宪法第一条中的"和为贵"应该和第二条"笃敬三宝，佛、法、僧也"关联起来理解，所谓"和"，也许与在佛教立场上将僧侣集团称为"和合众"相关（第 45 页）；在对传为圣德太子撰写的《三经义疏》（《胜鬘经》《法华经》《维摩诘经》）进行讨论之后，他引用没有异议的《天寿国绣帐铭》（中宫寺所藏）的"世间虚假，唯佛是真"为例，证明圣德太子确实有"诸行无常，一切皆苦，诸法无我，涅槃寂静"的佛教信仰，所以在斑鸠地区建立了世界上最古老的木建筑法隆寺。

再次，尾藤正英指出，虽然 7 世纪末的天武、持统朝从唐朝引进的律令制，后来 8 世纪初的"大宝令"以及再后来的"养老令"中，都有关于僧尼之令，规定僧尼出家必须由国家批准，僧尼不得进行寺院之外的宗教活动，僧侣由国家统一管理，在僧侣中选拔僧纲（也就是僧正、僧都、律师），并置于治部省下的玄蕃寮（"玄蕃寮"说明佛教还是外来宗教）等，但是，"这些控制性的制度，因为都是模仿唐朝中国的制度，（在日本）未必拥有实际效力"（第 49 页）。

从次，尾藤正英非常注意圣武天皇（724—749年在位）修建奈良东大寺一事。他认为，圣武天皇的时代正是古代日本国家共同体意识逐渐解体的时代，信仰《华严经》"一即一切，重重无尽"说法的圣武天皇，可能从这里面感受到了个人与社会、自己与他者关系的理想状态，希望通过佛教对国家和社会的关系进行重新整合，所以自称"三宝之奴"，修东大寺卢舍那大佛，任命民间布教、私度僧人的行基（668—749）为大僧正，并尊称为"大德"，让他协力建造大佛。这显示了某种国家依赖宗教凝聚人心的意图。（第52页）

最后，他说到鉴真东渡，在东大寺建立戒坛，举行正式的"受戒"仪式。他认为这一事件意义相当大，使得行基度僧的行为逐渐纳入正轨，也使得日本佛教逐渐有了规范的传授方式。

2020.7.24

读尾藤正英《日本文化的历史》之三

继续读尾藤正英。意外发现，此书原来已经有中译本，不过在这里无法看到，只好继续读日文版。读到第四章"从汉风文化到国风文化"。

称德天皇（718—770）的继承者是光仁天皇（709—782，原白璧王，第四十九位天皇），他是称德天皇的妹夫，但也是天智天皇的孙子（可见，古代日本贵族的婚姻对于血缘亲近没有那么避讳）。因为诅咒天皇，他的原配和皇太子被幽闭至死，而另一位来自百济的夫人高野新笠的儿子被封为皇太子，即第五十位天皇桓武天皇（737—806）。所以，一直到1998年韩国总统金大中访问日本时，以及2001年天皇六十八岁生日记者招待会上，日本天皇明仁还说到天皇有朝鲜血统。桓武天皇在位的时候，794年迁都至平安京，并且重用移民后裔坂上田村麻吕（758—811，传说是王仁的后代，在日本被视为与"文神"菅原道真相对的"武神",第一任征夷大将军),远征虾夷。桓武天皇在位时,还派遣唐使藤原葛野麻吕访问中国,让空海和最澄同行,《新唐书·东夷列传》有记载:"贞元末,其王曰桓武,遣使者朝。"

尾藤正英相当重视这一变化,这也许是因为德川与明治时代也重视这段历史。尾藤认为,奈良时代的天武天皇系(如称德天皇,即天武天皇的子孙)断绝,天智天皇系(光仁天皇、桓武天皇)崛起,采取了新的政治方针。其中变化之一,就是对奈良后期过度崇信佛教的纠正(第56页)。不过,他也特别指出,后来的日本史书,比如17世纪水户藩编纂的《大日本史》受到中国所谓"易姓革命"历史观念的影响,把这种天皇系统的变化看得太过重要,甚至明治维新之后,仍然沿袭《大日本史》的观念,认为壬申之乱(672)中,逼死天智天皇的长子大友皇子(648—672)而即位的大海人皇子(即后来的天武天皇),叛逆正统的近江朝廷是政治道德不正确。所以,明治时代重新追溯到天智天皇系,追认大友皇子为"弘文天皇"。其实,这是没有根据的。本质上他们还是天皇一家,是在天皇家系内的变革,和中国式的"易姓革命"是两回事(第57页)。

在文化史上,尾藤正英认为,桓武朝(781—806)日本有如下变化：第一，中国风（也就是汉风）文化盛行；第二，从长冈京迁都平安京；第三，受到中国皇帝宗庙观念的影响，开始塑造天皇祖先神的崇拜，作为皇室宗庙的伊势神宫、清水八幡宫形成（以及"记纪"历史与神话的编纂）；第四，延历四年（785）桓武天皇在南郊柏原，由重臣藤原继绳举行"祭天"仪式，柏原此地有很多渡来人（特别是百济王氏），祭天仪式得到很多渡来人的协力；第五，受到中国父系制的影响，女性天皇的现象结束（在9世纪中叶出现九岁即位的清和天皇，说明原来女性可以当天皇的制度，改变成最多只是皇室女性之父祖可以摄政，即所谓"摄关政治"）；第六，出现了新的贵族，像藤原氏（与天皇家有姻亲关系）、橘氏、源氏、平氏（源氏和平氏是未有继承皇位的皇子之族）四大家族，这些和7世纪以前的贵族不同，纯粹是都市贵族，与同样性质的天皇家一道，构成平安京时代的贵族社会。

尾藤正英说，桓武天皇时期，和渡来人接触密切，热心于引进中国文化，这使得平安时代初期（也就是9世纪上半叶）的朝廷中，在律令制度下，以儒家为中心的教养很流行，汉诗汉文的创作也相当盛行，比如有《凌云集》《文华秀丽集》和《经国集》为题的三种敕撰文集，也有空海《性灵集》之类的文集（第63—64页）。我不由想到，空海《文镜秘府论》的背景原来就是这个时代。不过，尾藤正英也指出，对于中国文化，日本天智系（如桓武天皇）的接受也是有限度的。虽然桓武天皇受到中国影响，对"孝"十分重视，对父亲光仁天皇和祖先的祭祀相当隆重，9世纪中叶也有"十陵四墓"（后来是八墓），但他也并不完全照搬，像桓武天皇为光仁天皇服丧时间，开始是六个月，后来定为一年，这曾经招致贵族的反对，因为按照中国儒家思想，子为父服丧应当是三年，但最终实际上也只是服丧八个月（第62页）。

又，关于日本文化逐渐形成的一个侧面是女流文学。尾藤分析说，首先，平安时代由于"摄关政治"，天皇皇后家族的势力相当大；其次，皇子和皇女往往在母系家族抚养，因此形成对母系的尊重；再次，日本有所谓"招婿婚"，贵族允许近亲结婚，而且允许一夫多妻。这形成了和中国很不一样的观念，"女流文学"就出现在这样的社会环境中，如《蜻蛉日记》《源氏物语》《枕草子》等。用假名是有文化的古代日本女性的习惯，而"摄关政治"下的皇后家族成为政治和社交中心，这使得侍奉皇后等的女性也必须具有高度的教养。

2020.7.25

与日本学者讨论南宋禅僧的经营理念

看了小川隆要在"碧岩录读书班"上解读的资料。他用几则禅语录来讨论宋代禅宗对于经营的两种态度,解释大体正确;但我觉得,努力参与经营和蔑视世俗经营这两种态度,在禅僧那里并不真的矛盾。我的看法如下:

(一)为了维护佛教僧侣的生活和佛寺的存在,佛教参与经济活动是必然的。南宋时期,江浙一带禅寺兴盛,它们的经营就更加扩大,五山十刹拥有大量的寺产,如田地、碾坊或磨坊、长生库。这是禅寺存在的必要条件,像曹勋《仙林寺记》记载了仙林寺在南宋绍兴十三年创建后是如何陆续建成的,从三门开始,一直到"磨坊、病院、选僧、浴厕,无一不备";南宋嘉定十二年,王公振《福源寺田记》记载了比丘志宁为了维持寺院生存,到仪真化缘,募得三十万,"置田二十一亩",后来逐渐扩大到八十余亩,这才能因为"岁有常产,以充净供";南宋名僧释居简《北涧集》卷二《瑞岩开田然无尽灯记》则记载了当时的僧人道全与众僧人商量，为了使无尽灯能够长明，"货殖取赢乎？垦土收获乎？"最终手下的智绍奉命出山，"旋浙绝淮，积锱累铢，阅四年而归"，显然攒下财力，然后才开垦种地，"视岁入为无尽光明"；嘉泰二年，释师傅甚至在《崇德庙财库记跋》中记载了一个叫谢忠信的人，为崇德庙建了一个"造化钱楼"，用来敛钱，"库者，金玉之所□也，楼者，钱凑之所归也"。这和如今的佛寺里叫作"万善同归"的赛钱箱一样，都是用来收取善男信女的布施的，不过南宋崇德庙胃口更大，不是箱是楼。

（二）佛教从一开始就有手不捉金银的规矩，而佛教远离世俗清修的传统，更是使僧侣有意识宣扬"清净""脱俗"，这当然和儒家的"何必言利"，在"义""利"之间总是标榜"义"而讳言"利"一致。但是生活在世俗社会中，实际上的"货殖"总是要进行的，只要看看卜正民（Timothy Brook）的《为权力祈祷》就明白了，佛教要有一批忠实的供养人、施主和有力量的信仰者，这是他们宣扬清高的基础。教义和实践之间的这种差异，是所有宗教很难自我解释的"罩门"。

（三）关于佛教这种经营活动以及入世趋向，是否像余英时先生说的，也可以刺激出资本主义的精神资源？我觉得很难说。韦伯所说的"新教伦理",包括他举出的天职、计算、勤俭等,也需要有更多社会环境和制度因素的配合,比如韦伯和余先生都强调的自由市场、合理会计、理性技术、不可任意的法律、自由流动的劳动力、经济的商业化程度等,而这些条件是传统中国社会所不具备的。因此,仅仅以禅宗的入世苦行精神,加上寺院经营的实践,并不能形成所谓的"资本主义精神",因为他们获得的财富并不作为资本投入再生产,而是用于维持寺院的生活,以及金碧辉煌的寺庙修缮和繁华隆重的宗教活动。

2020.7.26

读尾藤正英《日本文化的历史》之四

读尾藤正英书的第五章和第六章,即"平安时代的佛教"和"镰仓时代的佛教"。

尾藤在"平安时代的佛教"中,最突出地叙述了最澄与空海。

804年,最澄(766—822)随遣唐使入唐,在天台学习八个月,后得到桓武天皇的支持,以比叡山为中心发展天台宗。他最重要的活动,是与法相宗高僧德一(藤原氏的兴福寺一派)争论"佛性"、设立大乘戒坛、简化受戒仪式(改变原本需要三师七证即十位高僧的相当烦琐的仪式;参看最澄《显戒论》)。尾藤认为,最澄身上体现了中唐时代中国律、禅、密三派流行的大趋势。

空海(774—835)与最澄一道入唐,在长安青龙寺学习密宗,806年回国。三年后(809)入京,在嵯峨天皇朝廷参加文人和贵族的文学活动,在高野山弘扬真言宗。

原来,他与最澄关系良好,但后来因为《理趣经释》一书断绝关系。他在日本较早讨论到儒释道三教,有《三教指归》。尾藤正英说,最澄与法相宗争论、设立戒坛与僧纲对立,贯彻了革新的态度,而空海对这一切都采取妥协的态度,所以"如果说最澄是理想主义者,那么,可以说空海是现实主义者。这一不同的结果是,平安时代中期以后的贵族社会,真言宗的影响力很大,而相对来说,下一个时代即镰仓时代的新佛教,却都在天台宗的影响下成长起来,这一点需要注意"(第81页)。

不过,比叡山最澄也有杂以天台宗旨而传习的密教,被称为"台密"。之后,圆仁(794—864)、圆珍(814—891)再次遣唐,学习了正统的密宗,并以东寺为中心传播密宗,称为"东密"。不过,从平安时代末期到镰仓时代,台密被称为"天台本觉论"的思想,融合了华严宗"四法界"(诸行无常的事法界、一切皆空的理法界、打通空有的理事无碍法界、自由纵横的事事无碍法界)和天台宗的"三谛"(空、假、中),形成日本人对佛教的独特理解,还引起了"始觉"与"本觉"关系、"草木国土悉皆成佛"还是"草木不成佛"的争论(第81页)。

依尾藤正英看来,在日本史上,进入镰仓时代是"从古代到中世"。文治元年(1185),源赖朝(1147—1199)

奉朝廷之命掌握大权，建久三年（1192）被任命为征夷大将军，开始了武家政权的时代。武家在公家之外独立，确实是历史上的大事。追溯起来，武家的崛起，恐怕与"摄关政治"有一定关系，到12世纪末，如出身于藤原家的近卫家、九条家、鹰司家、一条家、二条家，就叫"五摄家"。

看起来，"摄关政治"有三方面的影响：

第一，它当然使得天皇之外的摄政家族势力变得强大，成为与天皇家鼎立的另一"家"。

第二，由于新即位的天皇往往成长于母家，母家的势力影响造成天皇与退位的上皇发生冲突，像崇德上皇和后白河天皇1156年的保元之乱、后白河上皇与二条天皇1159年的平治之乱等。

第三，由于摄关家族是京都贵族，对地方相当不关心，地方秩序依赖各地成长起来的豪强和武士维护，而这些豪强和武士，开始拥戴在京城被藤原氏边缘化的源氏和平氏，并为其利用，慢慢形成很大的力量。此后，源氏和平氏渐渐进入中央政权，特别是1159年帮助后白河法皇取得平治之乱胜利的平清盛，由此迅速成为上层贵族一员，并在1167年成为太政大臣，形成平氏全盛时期。只是平氏由于成为贵族之后，脱离了武士们的支持，被1180年从伊豆起兵的源赖朝在1184年的坛浦会战中击败，从此，征夷大将军控制全国的军队，国家的公权力逐渐从公家转向武家，开始了幕府将军执政的镰仓时代。

不过，当源氏征夷大将军第三代源实朝死后，以后鸟羽上皇为中心的朝廷（公家）不甘心权力转移，举兵征讨幕府，却以失败告终，这就是1221年所谓"承久（三年）之乱"。这一结果，更造成幕府权力越发强大。特别有趣的是，《平家物语》居然把天皇举兵说成"御谋反"，说明当时甚至有这样的看法，即天皇不代表公权力，毋宁说是私权力（第114页）。

后来，源氏的权力又被北条氏取代。所以，武家政权也并不是没有问题，本来，从贵族之"氏"到控御之"家"，这一转化就要经过很长时间。作为"氏"的武装力量领袖，他们一方面要向上，迎来摄关家的儿子或皇子，作为武家权力的合法性基础，一方面又要向下，扶持各种直属的武士家族，这样才能成为领袖式的"家"。可麻烦的是，从"惣领制"规定兄弟中只有一人作为惣领统率其他人，到兄弟可以形成各自独立的"家"，军事力量遭到分化，也就会逐渐衰落，并导致镰仓幕府的最终崩溃。

又，镰仓时代的所谓"新佛教"，包括净土、禅宗和日莲宗。（一）法然（1133—1212）之净土宗（《选择本愿念佛集》)、亲鸾(1173—1262)之净土真宗(《叹异钞》)、一遍(1239—1289)之时宗——这种净土信仰的来源,是从中国的昙鸾(476—542)、道绰(562—645)、善导(613—681)起,由最澄引入日本,所谓"常坐三昧",源信(942—1017)的《往生要集》(985年撰)则有划时代的影响,有所谓"末法"思想。(二)荣西之禅宗临济宗(《吃茶养生记》)、道元之曹洞宗(《正法眼藏》),形成日本的禅宗。(三)日莲(1222—1282)在蒙古袭来之前,撰有警示性的《立正安国论》。

镰仓时代的新佛教,从14世纪到16世纪,在社会上普遍流行。

2020.7.27

读尾藤正英《日本文化的历史》之五

读尾藤正英书第七章"内乱时期的文化"和第八章"国民宗教的形成"。

1333年,镰仓幕府结束,第二年改元建武,实行新政,但是三年后崩溃。后醍醐天皇迁到吉野,即为"南朝"。但足利尊氏(1305—1358)在京都建立幕府(室町幕府),拥立光明天皇,即为"北朝"。

这里也有历史渊源,就是镰仓时代后期,天皇的"家系"分为持明院统和大觉寺统,皇位由"两统迭立",南北朝时期的北朝是持明院统,南朝则是大觉寺统。经历半个多世纪,到1392年,南北才在足利义满时代统一(实际上是南朝灭亡)。不过,虽然室町幕府此时名义上是全国中央政府,但政局并不安定,特别是由于镰仓时代以来,地方势力控制了各自的地区,被称为"守护大名"。到16世纪,日本各地实质上形成了许多独立的小国家。(第

113页）

　　象征着这个时代文化的作品，是北方的《太平记》四十卷和南方北畠亲房（1293—1354）的《神皇正统记》。过去认为，《太平记》突出的主题是对天皇的忠诚，但尾藤指出，这种理解是很片面的，正如植村清二指出的，《太平记》主要呈现的是主人公楠木正成杰出的军事才能和政治见识，还有不断反抗的精神。他先是反抗镰仓幕府，后是反对足利氏。《神皇正统记》同样如此，表面上似乎是凸显南朝的正统和忠诚的道德，但实际上也呈现了以道德作为政治正统性的来源（因为他凸显南朝大觉寺系的有德天皇更多），特别是把日本作为"神国"的思想，对后世影响很大。但相同处是，南北方的作品都强调忠臣义士的道德，以及政权的正统性、合法性。这就是尾藤正英所谓这个时代文化史上的"神信仰的道德化"吗？（第117页）

　　日本文化史上最具特色的现象之一是神佛习合，它本来是从平安时代后期两部神道开始的。所谓"两部"，就是密教所谓金刚界和胎藏界两个世界，也适合解释神道的神祇信仰。但是从镰仓时代到南北朝时代，神道以伊势的外宫之神官为中心，逐渐与佛教区分。先是南朝受到北畠亲房的影响，伊势神道强调，神道是日本独有的宗教；接着是室町时代京都吉田神社神官吉田兼俱

（1435—1511）的吉田神道（正式名称是"唯一宗源神道"），他的《唯一神道名法要集》是日本神道开始独立的象征。这个时代，伊势神宫祭祀天照大神崇尚"正直"，八幡宫祭祀神崇尚"清净"，春日大明神祭祀神崇尚"慈悲"。民间也涌现了各种神社，以本来的守护神和祖先神指称，其中尤以八幡宫、天满宫、稻荷神社、熊野神社最有影响。而各地村、町也以神社之祭祀对象为守护神，促进了地方共同生活的公共性，不仅有对外防备的"环濠集落"，也结成有共同体性格的地域集团（尾藤有时候把村、町也叫作"住民的自治组织"），更形成各地特别的祭祀仪式和神灵崇拜（如京都的"祇园祭"，由地方的町出动"山鉾"）。在这种村、町的共同生活基础上，形成"寄合"（よりあい）的集会，举行唱歌、饮茶、插花等活动，将军、大名和高级武士也在自己的宅院中建立会所，举行各种文化活动（如能乐、狂言、作诗），形成日本的传统文化。——这似乎很有日本文化特点，在中国很难找到类似的文化现象。

在第八章"国民宗教的形成"中，尾藤正英说，日本人的宗教虽然复杂，但"以神道与佛教为基本内容，无论从地域上看，还是从社会阶层上看，都是整个国民共有的宗教，我想可以把它称为'国民的宗教'。无论在村还是町，有佛寺和神宫的风景,即使到现在至少在昭和年间还是常见的,这就是前面说到的国民宗教的象征"(第126页)。他特别提到日本与中国宗教的不同之处:

(一)日本有所谓的"檀家制度"。14世纪以后,净土、净土真宗、曹洞、日莲等新佛教各自形成大规模的教团,其中一个很重要的就是"檀家制度"。上至皇室(京都真言宗的泉涌寺)、德川将军(江户净土宗的增上寺),下至一般民众,都是某个寺院的信众,这个寺院就是他的"家",家族死后的葬式、追祭都由这个寺院负责。

(二)日本的地方寺院,往往是地方有势力的武士们在住宅中设立的"持庵"(持佛堂),或地域社会共同进行宗教活动建立的惣堂(そうどう),这些也就成了僧侣修行之所,根据僧侣从属的宗派,与该宗派的本山结成"本寺"和"末寺"的关系。过去认为,"檀家制度"和"本末制度"是在德川时代锁国之后的宗教统治政策下形成的,但根据竹田听洲的研究,80%以上的民间寺院,是宽永二十年(1643)以前就形成的,可见这两个制度不是权力的或人为的产物,而是自然形成的,江户时代只是利用这种自然趋势加以规定而已(第129页)。

在这里,尾藤再次提及墓葬的问题。他说,前方后圆的坟墓,是古代日本天皇或地方统治者的象征;此后的横穴式古坟和群集坟，下葬的人数增加，象征着有势力者和他们的家族；进入中世，奈良元兴寺极乐坊、高野山都有"纳骨"的风习；而镰仓到室町时代，火葬的数量更加多；到了近世，能否下葬，身份和阶层已经影响不大。但值得注意的是"两墓制"的成立，即"埋葬之坟"与"参诣之墓"，即在一个地方土葬，在另一个地方举行每年忌日的法事，这往往是离寺院很近的地方（第131页）。

第一个正常死亡而被当作神来祭祀的人是丰臣秀吉。庆长三年（1598）病死的丰臣秀吉留下遗言，希望自己死后被当作神祭祀。所以他死后不久，就有人在京都的东山阿弥陀峰为其造墓，并且计划在旁边的方广寺建社殿。据推测，这一举措是为了建立"新八幡"，与源氏氏神武神"八幡"并列，守护作为子孙的丰臣秀赖等人，这与吉田神道所谓"本地垂迹"（即神是佛在本地之化身）的思想有关。第二年，朝廷就授予去世的丰臣秀吉以"丰国大明神"的神号，而这一"丰国社"的创立，过去只有一个先例，那就是祭祀藤原氏始祖藤原镰足的多武峰庙（现在的谈山神社）。后来，德川家康去世后的日光东照宫，以及追认"东照大权现"也是一样的道理。这显示了日本国民宗教的观念，即"能够在现世由神灵守护，死后由佛导入极乐净土,这就是现在大多数日本人的宗教信仰,如果把它叫作国民的宗教,那么它的形成时间大概在15世纪前后"(第135—136页)。

2020.7.28

读尾藤正英《日本文化的历史》之六

读尾藤正英书的第九章。

12世纪末，镰仓幕府成立以来，朝廷渐渐失去作为公权力主体的性格，14世纪建武新政失败以后，足利氏的室町幕府实质上成为中央政府，但这并非说国家的公权力就集中在这里了。镰仓、室町时代的政治统治以庄园制（或者庄园公领制）为基础，它不仅是武家的幕府，朝廷（天皇与院，以及贵族）、有势力的寺院和神社作为庄园领主，也分享了国家的公权力。（第138页）

也许，这就是黑田俊雄所谓"公家、武家和寺家鼎立的权门体制"？

但是到了15世纪，这一体制发生了问题。村、町住民不得不形成自卫组织，来对应无政府的社会状况。下级武士和一般庶民形成"家"，再由"家"集合成村、町，形成地域共同生活的组织，再与直接统治他们的小领主们联合起来,形成叫作"惣"(そう)的集团,屡屡发动叫作"土一揆"或者"国一揆"的叛乱,以反抗庄园领主或守护大名。但是,这种反抗权力的运动,反抗的是旧势力或旧制度,而非后来形成的新政治体制,因而被这种新体制利用或吸纳,而主导体制重建的,是16世纪在各地出现的战国大名(第139页)。

尾藤认为,这个时代是"从中世到近世"(第138页)。作为近世国家,其中一个特点就是"役"。国家对各地的土地进行调查,并且在这个基础上实行"兵农分离"。这里包含几个要素:(一)以国家土地制度代替庄园制,调查农地实际情况;(二)作为新的租税制度,用"贯高"(货币)与"石高"(米量),确定其生产力;(三)一般农民课税,奉侍大名的武士则部分或全部免税,在这一点上区分武士与农民。天正十八年(1590),织田信长、丰臣秀吉对战国大名的小国家进行统合,形成统一国家时,进行全国检地(太阁检地),以传统君主即天皇的权威为背景,成为实质上的统治者。关原之战(1600)后,德川家康成为征夷大将军、关白、太政大臣,他利用天皇的权威,虽然没有与朝廷分离,但实际上已经是武家掌握了全部公权力,朝廷只剩下任命将军这种形式上的权力。这种公权力叫作"公仪",战国时代各地大名有"公仪",但江户幕府更加强有力,被称作"大公仪"。江户时代有二百六十多个大名,但这些大名必须服从幕府的命令,各个领地的自主性并不充分,幕府拥有改变领地("国替""转封")甚至没收领地("改易")的权力。而在各个大名领地中,民众有三种身份:"武士""百姓"和"町人"。其中,身份上的差别,特别表现在所谓的"苗字"(姓名)和"带刀"(携带武器)上,这是一般民众不允许的。

这个时代的两件大事:"壬辰之役"和"切支丹禁止"。

又,尾藤叙述中的这个时代的"桃山文化",其特征是:(一)虽然有实用性,但升华出美的特色,如原本军事防御用的"城",不仅成为地域政治的中心,也成为日本特有的精致的美术建筑样式;(二)不再仅仅是静态的观赏对象,而是流动行走中的观赏,如桂离宫、修学院离宫这种回游式的庭院;(三)有一些社交性的场合(如"会所")被精心设计,用于集团性活动的场所非常美观。这个时代的学术与史学,可以注意《本朝通鉴》(273卷,1670年)、《大日本史》(从1657年开始修纂,到1906年完成),山鹿素行(1622—1685)的《中朝事实》《武家事纪》,以及新井白石(1657—1725)的《古史通》《读史余论》等。这个时代的思想观念,则要注意儒家学说开始普及。"易姓革命"的观念在这个时代的历史书《大日本史》和《读史余论》中产生影响。前者的"南朝正统论"和后者的"九变""五变"——即认为南朝灭亡,从足利义满到德川家康,就是"武家之代"的说法——都是思想史变迁的例证。

2020.7.30

读尾藤正英《日本文化的历史》之七

今天读尾藤正英书的第十章"元禄文化"、第十一章"儒学在日本的展开"、第十二章"国学与洋学"。

他认为织田信长火烧延历寺（1571），攻打石山本愿寺（1580），打击"一向一揆"即一向宗，强化近世的统一权力，本质上并不是要否定宗教本身的权威，形成近世现实主义的社会和文化，而是出于政治上的考虑，对宗教政治力量进行打击。这是因为当时佛教寺院势力太大，延历寺在中世就是大庄园主，是有势力的大权门，并且在战国时代与浅井、朝仓两个大名结盟，对织田信长构成威胁，而石山本愿寺也是在战国大名之外把小领主、国人和地方势力联合起来的地方政治力量（第158页）。后来，以石山本愿寺为首的"一向一揆"力量解体之后，在莲如（1415—1499）的领导下，又形成很大的教团并存续下来；而延历寺在丰臣秀吉时代重建，石山本愿寺退位的法主显如,则在丰臣秀吉时代于京都重新崛起,建立西本愿寺;显如的儿子教如,则在德川家康的支持下,创建东本愿寺。

尾藤书中讨论了这个时代宗教与文化的变迁。

他将 14 世纪由观阿弥、世阿弥创立的能与 17 世纪的歌舞伎进行比较,前者的主流是"梦幻能",宗教色彩比较重。梦幻能的形式是,某个陌生人,在外来的旅行僧人面前现身,讲述该地的往事,在僧人入睡后,过去的人物(後シテ)在他的梦中出现,讲述自己生前的故事,并且起舞拜托僧人为之供养,这些出现的人很多是武将(修罗物)和女性(鬘物),往往表现战乱中悲壮地死去或者所谓不幸的恋爱故事,在宗教的意义上也可以说是镇魂和慰灵。但是到了近世,能主要成为武家社会的仪式性活动(举行仪式时的乐剧),歌舞伎和人形净琉璃成为新的演剧形式,并不那么明确地表现宗教性质,当然这不是否定宗教,因为神社和寺院在社会生活和日常世界中已经制度化,而吊唁与镇魂之类的活动,已经被日常化了——也就是说,宗教信仰不再是特殊化的活动,而是日常化的行为(第 160 页)。

尾藤特别指出,有关这个时代的佛教思想,应当注意的是铃木正三(1579—1655)的《万民德用》。这一点是我不曾注意的。铃木正三是德川家康家的武士，后出家为曹洞宗僧人，在这部向民众解说"佛行"的书中，他向农民、锻匠、番匠说明，所有的不同职业都有宗教意味。这一点很有近代意义，与新教伦理的"天职"似乎有相似之处。

接着是从17世纪末到18世纪初，以京都、大阪为中心发展起来的所谓"元禄文化"。在近世国家形成的百年间，日本经济发展很显著，米的生产从1800万石增加到2500万石。如果说，桃山文化是以掌权者为中心的，那么元禄文化就是以城市庶民为中心的，但它们都是华丽璀璨的现世文化。如浮世绘、松尾芭蕉（1644—1694）的俳句、井原西鹤（1642—1693）的小说《好色一代男》、近松门左卫门（1653—1724）的净琉璃等。同时在元禄四年，幕府建立汤岛圣堂，显示了尊重儒学的方针。尾藤认为，桃山文化强烈地表现了作为"公"的国家的整体性，而元禄文化则明显地表现了"私"即个人性，从"公"到"私"，从"雅"而"俗"，他认为"这可以说意味着文化的成熟"（第163—164页）。

文化成熟的同时，近世社会经过百年，"公"与"私"（也就是政治权力与个人生活）之间的矛盾产生了。将军与大名的权力增大，显示出专制化的形态，而前述所谓本来是从自治组织发展起来的国家，却也在内部产生出相反的倾向（指的是各个地方"自为"的势力）。这里，他举出元禄十五年的"赤穗事件"（也就是忠臣藏）为例，说明幕府控制的统一国家之"天下大法"和地方自治组织自然形成的习惯法之间的冲突，国家秩序和普遍价值之间的矛盾，"公"与"私"之间的不同，始终无法解决（当时日本舆论把此事结果叫作"喧哗两成败"[1]）。

尾藤正英在这个时候讨论了儒学问题，指出了中国儒学传入日本后的"变容"。他认为，中国的知识人，通过儒学的学习和考试，可以成为官僚；14世纪之后的李氏朝鲜，儒学是国教，但学习儒学的限于叫作"两班"的官僚和上层，"在重视礼法方面，中国和朝鲜都非常严格。但在日本，却只是学到礼法分离的精神，这是儒学在日本普及时的特色"（第169页）。在第十一章中他讨论儒学，指出，自从林罗山得到德川家康的支持，被封为"道春"（一种和五山禅僧作为将军的政治顾问同样的僧号），他的后代又称为"大学头"之后，朱子学在上层渐渐产生影响。朱子学特别值得注意的，是一种通过道德理性自我约束的"主知主义"，是通过个人道德把对秩序的自觉认同推广到

---

[1] 日本室町幕府时代后期至江户时代前期的法律原则之一，即发生武力争斗后，不论因由与对错，对双方施以同等处罚。

整个社会的思路,他把这种"理"视为自然、社会和个人的通行规则。18世纪后半叶,很多藩都设立了藩学,幕府则有汤岛圣堂和昌平阪学问所。宽政二年(1790),幕府又颁布"异学之禁"令,使得儒学有较大的传播。但是,很快"古学"就崛起,所谓"古学"是山鹿素行(1622—1686)的"圣学"、伊藤仁斋(1627—1705)的"古义学"、荻生徂徕(1666—1728)的"古文辞学"之合称。所以,江户时代朱子儒学究竟实质上有多少影响,产生过多大社会作用,还要考证和讨论。渡边浩教授就对此有过质疑。

接下来第十二章,讨论的中心是江户时代中期以后的"国学"和"洋学"。尾藤说,"国学是有关日本古典的学问,但如果从日本人的生活方式和日本社会的存在方式思考的话,也可以说具有精神运动的性质"(第188页)。其中值得注意的,是元禄时代的契冲对《万叶集》的注释《万叶代匠记》(后来国学家们不承认契冲,主要是因为他是僧人,而国学者排佛),以及国学的所谓"四大人":荷田春满(1669—1736)、贺茂真渊(1697—1769)、本居宣长(1730—1801)和平田笃胤(1776—1843)。有意思的是,这四大人里面,荷田春满、贺茂真渊都是神官出身,荷田是伏见的稻荷神社神官家庭出身,贺茂是滨松神官家庭出身,也是"歌人",而本居宣长出身于伊势松阪的商人家庭,曾到京都游学,还在松阪开设小儿科。这种出身与思想学术趋向之间,可能有很深的关联。

最重要的是本居宣长。他的学问中心就是研究《古事记》,并在此基础上提倡"神之道",也即伊奘诺尊和伊奘冉尊两神所开创的,天照大御神所继承的"道",也即从日本国土形成开始就有的"道",这就是所谓日本立国之原理。具体地说,是"天皇之天下的道",也就是天皇统治天下的原理,它不一定意味着天皇直接的政治行动,它会根据时代政治制度的变化而变化,但它都是"神的处置"。因此,关于江户时代的现实,本居宣长在《玉胜间》中虽然承认德川幕府就是天照大神的安排、天皇的委任,接续东照神即家康管理天下大政,但也根据当时的现实问题和弊病,提出需要教育大名和家臣为民众而去除"私心",以天皇的心灵(不是服从天皇的意志,而是以"大御心"为"心")面对政治(大意,第193页)。这就为后来"大政归还"提供了观念与历史的基础。

有关"洋学"部分,尾藤说,日本开始接受的洋学,主要在医学、本草。值得注意的是几个学者:(一)山胁东洋在宝历四年(1754)对京都死刑犯的解剖,著有《藏志》;(二)明和八年(1771)杉田玄白、前野良泽等人在江户观看解剖死刑犯,见到荷兰语的解剖书《解剖学》中的图比中医的内脏图准确得多，于是将该书译成日文，以《解体新书》之名出版；（三）杉田玄白的《兰学事始》；（四）江户后期，大阪的绪方洪庵建立适适斋塾，以传授兰学。但尾藤也特别强调了18世纪初期德川吉宗为振兴产业，奖励学习荷兰语，使得兰学知识广泛传播这一事实（第195页）。

八月

2020.8.1

读尾藤正英《日本文化的历史》之八

读尾藤正英书第十三章"明治维新中的尊重公论观念"。

尾藤在这一章中,把"尊王攘夷"和"公论尊重"并列为明治维新的两个重要话题,这是比较值得注意的。关于"尊王攘夷",他特别提到水户学的作用,说进入19世纪以后,水户学逐渐摆脱传统朱子学的范畴,形成独特的主张,其中,最重要的是会泽正志斋的《新论》(1825)七篇,开头的"国体"篇论述了国家的一般理论,后面的若干篇论述了面对世界情势的方法,成为后来"尊王攘夷"思想的重要来源。天保九年(1838),水户藩主德川齐昭建立弘道馆,藤田东湖书写"尊王攘夷",原本是为表彰德川家在乱世中既尊重天皇朝廷又抵抗夷狄,后来却在明治时代转了一个方向,变成重新拥戴天皇的说辞。

至于"公论尊重",尾藤正英讲了一个有关"黑船事件"的故事。当时美国佩里将军提出"开国"要求,幕府征求各大名的看法,大名提出的意见书约六十通,其中,赞成开国的(即"开国论")有二十二通,不屈服于无理要求、不赞成开国,但又希望避免战争的(即"避战论")有十八通,认为必须严守锁国体制的(即"锁国论")有十九通。前两种看法占了四十通。根据这个意见结果,第二年(安政元年,1854)日本签订《日美和亲条约》,给船只提供燃料和食品,开放下田和箱馆两个港口。尾藤认为,本来这并不意味着幕府的权力削弱,而是意味着幕府的政策得到世论的支持,反而增强了幕府的立场(第206—207页)。但这时中国第二次鸦片战争(1856)的消息传来,幕府对于签订进一步的协议有了犹豫,派堀田正睦(接替去世的阿部正弘担任老中)去天皇朝廷取得许可,堀田却空手而归。在那之后不久,近江彦根藩的藩主井伊直弼担任大老,虽然这是个虚衔,但他掌握实权,在这一年擅自与美国缔结通商条约。有意思的是,由于这个决定没有得到天皇的批准,幕府的立场很尴尬:不得天皇之命,违背了"尊王"的精神,轻易与美国签约,又违背了"攘夷"的精神。于是,"尊王攘夷"反而成了攻击幕府的"公论"。

正好在这一年,孝明天皇给水户藩送去密件,征询各个大名对于幕府此番处置的意见（众议）。这个异常的举动，完全无视幕府的立场，引出井伊主导"安政大狱"，严厉处罚反幕府人士，最终在1860年，有藩士在樱田门外刺杀井伊。此后，幕府再也无法独断专行，不得不与朝廷（公家）和诸大名融合妥协，形成所谓"大公议所"（类似国会）和"小公议所"（类似地方议会），这才有了后来的"大政归还"和"明治维新"，而所谓明治元年（1868）作为新政府方针公布的"五条御誓文"，第一条就是"广兴会议，以公论决万机"（第208—209页）。

这个分析很有道理。

2020.8.8

再读丸山真男

这几天还是补读丸山真男。

小川隆告诉我,丸山真男所谓"古层"的いきほひ,原来就是"势"(いきおい)。这样,丸山真男所谓日本"历史的古层"之"成为"(なる,也就是起源神话)、"持续"(つぎ,连续的正统性)、"成势"(いきほひ,成为不可逆转的传统),就大体明白了。丸山真男《历史意识的古层》(《歴史意識の古層》,载《忠誠と反逆》,筑摩书房,1992年版,第295—351页)就说日本"历史意识的古层"中有"成为""持续""成势"。其中第四节"关联与作用"的开头也说,"以上,形成了日本历史意识的古层,而且通过在此后历史的展开,作为执拗的持续低音,我在这一思考模式中,抽出了三个基本的范畴……"(第333页)。

南原一博著有《近代日本精神史》(《近代日本精神史:福沢諭吉から丸山真男まで》,大学教育出版,2006年版),其中说到,福泽谕吉是明治时代最大的启蒙主义和自由主义者，但他也有潜在的启蒙专制主义倾向。当时，日本还有植木枝盛代表的激进的自由主义，与轻视思辨的福泽谕吉不同，他从政治原理的角度，承认思维的作用，讨论"天赋自由"的理论（见其《思想论》）。认为日本没有哲学的中江兆民，代表的则是渐进的自由主义（第1—36页）。

这种三分法很有意思。

2020.8.9

日本史关键时代的持统天皇

在古代日本国家形成最关键的时代，和武则天同时代的持统天皇，也是一个女性。更让中国人不能理解的是，她的父亲是天智天皇（第三十八代天皇），她却嫁给了她的叔叔天武天皇（大海人皇子，第四十代天皇）。大海人皇子是在壬申之乱中打败了大友皇子（即弘文天皇，第三十九位天皇）才成为天武天皇的，因此她也成了皇后。天武天皇在位期间，制定了《飞鸟净御原令》，修纂国史，规定八色姓（真人、朝臣、宿祢、忌寸、道师、臣、连、稻置），颁布了爵位六十级等，使得律令体制国家成熟。686年，天武天皇去世之后，四十二岁的她自己又当了天皇。

不免感慨，中国人对日本历史文化的了解确实太少，以前戴季陶《日本论》的序文说得没错。其实，有很多日本史事，在中国人听来就是匪夷所思，因为它们超出了中国的经验和想象。

按照东大史料编纂所本乡和人教授《权力的日本史》（《権力の日本史》，文艺春秋，2019年版）的说法，日本这个时代的外患才使得日本不得不改革成为一个坚强的国家，因为那个时候日本与百济联合起来对抗唐与新罗，而白村江一战（663）失败后，日本不仅失去了在朝鲜半岛的利益，而且觉得有可能受到唐帝国的侵略，这种外部压力就刺激了日本内部的进一步整合。虽然前面已经有7世纪中叶的圣德太子和大化革新，但据说，正式称为"日本"是这个时代，大王正式改成"天皇"是这个时代，律令制国家的最终形成是这个时代，佛教最终成为国家宗教也是这个时代。

2020.8.11

日本的所谓"国体"

天气越来越热,不忍池的荷花越开越多,粉红色的花朵和花苞,渐渐从茂密的荷叶中,露出来大朵和小朵,每天去看,似乎风景都大不同。因为很快就要回国,不得不赶快阅读借来的各种书。前段时间,花了差不多十天读尾藤正英(1923—2013)《日本文化的历史》,这当然是一本已有定评的名著,把日本几千年文化史写得清晰简明,觉得很应当收藏一册,所以,今天急忙去神保町的三省堂书店把它买了回来。一眼看到书架上还有他的另一本著作《日本的国家主义:"国体"思想的形成》(《日本の国家主義:"国体"思想の形成》,岩波书店,2014年版),也顺便买回来学习。

"国体"问题是日本学术界和思想界讨论得很热闹的话题,好像中国学界对于所谓"国体"倒是讨论不多,或者讨论并不集中,也许还没有意识到很多历史和现实问题的根源,会聚焦到"国体"这一概念。但日本学界在二战

水户弘道馆的"尊攘"条幅

之后，深切反思明治维新以来日本道路的历史根源与观念基础时，不得不追溯到日本人对日本"国家体制"等的认识，所以，他们对"国体"的讨论就很深入。

尾藤正英指出，在日本近代思想史中，水户学是"启下"的资源。按照他的说法，水户学的出发点是藤田幽谷（1774—1826）的《正名论》（1791），而水户学的完成形态则是会泽正志斋（1781—1863）的《新论》（1825）和藤田东湖（1806—1855）的《弘道馆记述义》（1846）。我想，虽然日本传统的"神国"观念，可以追溯到蒙古袭来之后北畠亲房的《神皇正统记》和瑞溪周凤（1392—1473）的《善邻国宝记》，然而，具体到日本明治维新时代的所谓"国体"认识，确实还是直接来自水户学"尊王攘夷"思想的阐发。我在水户弘道馆参观的时候，印象很深的，就是挂在堂中写了"尊攘"两个大字的条幅。

此书的结尾部分，侧重讨论日本的"国体论"。尾藤正英说，他并没有对"国体"给出精确定义，但大体上是这样的：首先，以"记纪"神话为基础，解释日本国家的建国原理以及国家体制。国体就像人一样，人有四肢五体于一身，国家也必须具有统一形态。而日本从建国之初，就已经形成国家紧密的统一性以及国家的优秀体制，这个统一性并不是由于权力的统治，而是"亿兆一心，皆亲其上,而不忍背离",也就是全体国民对执政者自发的服从。其次,这种自发服从,是由于人民心中浸透了忠孝的道德观,"以忠贵贵,以孝亲亲";这种忠孝的道德观并不是通过语言,而是在"不言"中实现的。再次,对于国家的忠诚,为什么不言而喻,为什么人民日用而不知呢?是因为天皇通过祭天敬祖的礼制,使它浸透了民心。天皇掌握宗教礼仪,特别是即位之际的大尝会仪式。看到其祭祀的仪容,人们会铭感于心,便深深埋下忠孝之道德观念,这就是"以祭为政,以政为教"(以上是大意)。尾藤正英指出,如果明白这一点,就会理解明治维新时代乃至此后日本所谓"尊王攘夷"的思潮,以及"祭政一致""政教一致"的政治体制,这就是日本国家的原理(第261—262页)。在这样的国体论中,特别引人瞩目的一点是,人民对国家自发的协力。

如果说,尾藤正英主要还是从思想史上追寻"国体"观念的历史来源,那么,丸山真男对"国体"的分析则是从政治学上直指其现实影响,更加深刻与尖锐。所以,有关日本所谓"国体"以及"国体"观念的影响,我以为最好同时读丸山真男的《现代政治的思想与行动》,特别是此书的第一章"极端国家主义的逻辑与心理",这本书现在已经有老朋友陈力卫的中译本。

丸山真男指出，日本的"国体"是日本在明治、大正、昭和出现的种种问题的关键。看上去虽然只是对国家的认识与观念，但实际上却非同小可。他说，"当国家在'国体'中垄断了真善美的价值判断时，学术、艺术的自由，自然无从谈起，除非依附这种价值判断的实体，而且这种依附绝不是外表的附随，而是偏向于内在的"（中译本，第8页）。换句话说，"偏向于内在的"就是内心自觉且真诚地相信国家（实际上是政府）提倡的价值，乃是绝对正确的，也是自己必须全身心去捍卫的。所以，当"国家主权在垄断了精神权威和政治权力后，国家行为（作为国体）便拥有了维护其正统性的独有准绳。因此，国家的内政、外交就可以不受超越国家意志的那种道义上的制约"。由于国家没有制度和道德的控制，以国家的名义可以为所欲为，这就使得个人没有任何自由。从丸山真男的论述中可以知道，由于人们相信日本帝国就是真善美，所以帝国的"任何暴虐的行径，任何背信弃义的行为，都是可以被允许的"。正是从这里激荡出所谓的"爱国主义"，而这种爱国情感混淆了极端的"民族主义"（nationalism）和理性的"爱国主义"（patriotism），才把二战中的日本带入深渊。

因为"国体"问题如此重要且神圣，所以任何有关国家的讨论，无论历史、政治还是文学艺术，都立即变成了政治问题。丸山说，由于日本国家以天皇为绝对价值，形成连锁式结构，"自上而下的统治依据，是跟天皇的距离成正比的"，所以整个国家被形塑成类似军队生活的样子，"近代日本靠着权威和权力的一统化，把封建社会的权力偏重，重新组织得井然有序"。由于天皇是中心，"离中心实体的距离是价值判断的准绳，当把这一逻辑推向世界时，便催生出'万邦各得其所'的世界政策，由万国宗主的日本，来确定各个国家所处的身份秩序，才会实现世界和平"。他引用佐藤通次《皇国哲学》的话说，"天皇的威光照遍世界才具有世界史的意义，其光芒无疑是以皇国武德之显露而得以实现的"（中译本，第20页）。

读尾藤正英和丸山真男有关"国体"的讨论，觉得有两点非常重要：第一，对所谓"国家"的理性认识很关键，一个国家的民众对"国家"的认识既来自历史，也来自现实，它应当是思想史探讨的主题之一；第二，要理性区分无条件热爱的祖国、生存于其中的国家和为民治理国家的政府，正如丸山真男所说，"只有在以极端国家主义为一切基础的国体丧失了其绝对性的今天，国民才可能真正成为自由的主体"（中译本，第21页）。

2020.8.18

读本乡和人《权力的日本史》

读本乡和人《权力的日本史》(《権力の日本史》,文春新书一二三九,文艺春秋,2019年版),里面有些分析很有意思。

比如说,日本之所以早期不采用父子相承,往往是兄弟相承,主要是早期需要能干勇武者,而原本的领袖之子也许太小,也许较弱,而天武天皇之后,持统天皇选择直系传承,据说是受到唐代传来的律令制观念的影响(第26页)。

又比如说,日本之所以出现南北朝,而南朝能够坚持六十年,是因为北方幕府需要南朝有另一个天皇存在,这样可以更好地制约北朝的天皇,足利义满时代之所以南北统一,也是因为这个时候南朝作为"国有外患敌国"的意义的消失(第47页)。

2020.8.19

黑田俊雄与石母田正

读黑田俊雄（1926—1993）的代表作《王法与佛法》（《王法と仏法：中世史の構図》，法藏馆文库本，法藏馆，2020年版），后面附有平雅行的解说。

平雅行指出，"黑田俊雄的研究，一言以蔽之，就是从武士中心史观解放出来，从这一点出发，成功地描写了多面性历史的实际状况"。他认为，武士中心史观是江户时代形成的，长期影响了近代日本历史学；而对其进行精致的系统化和理论化的，则是石母田正。毫无疑问，战前对中世的公家、寺社的关注和研究当然存在，但是石母田正的"领主制论"一出现，就将这些一扫而空，形成横跨政治、经济、法律、国家及宗教、文化的体系性学说，形成巨大的壁垒。平雅行认为，这个时代，小小的批判也有，在壁垒上凿小孔的也有，但都不能瓦解这厚厚的墙壁，不能使武士中心史观整体瓦解，并在横跨政治、经济、法律、国家及宗教、文化的庞大领域中建立一个新的体系。向这个困难的课题提出挑战的,是黑田俊雄(第307页)。

2020.8.22

与渡边浩谈《圣人幸福吗?》

今天与渡边浩先生为日本儒教学会作主旨演讲,先由渡边浩讲《圣人幸福吗?》,然后我来讲《儒学的制度化、常识化和风俗化》。

渡边浩先生的《圣人幸福吗?》是一篇很有意义,也相当重要的论文,我觉得它好像一篇《幸福论》,从儒家的"幸福观"讨论到有关"道德心灵"和"世俗生活"之间的难题。这就像密尔的《论自由》讨论个人与社会的难题,罗尔斯的《正义论》讨论自由和平等的难题,都是试图从"两难"问题的解决中,找到人类安身立命的方式。

《圣人幸福吗?》分析了儒家关于"幸福"的若干悖论。渡边浩试图从儒家学说的内在紧张与矛盾中,找到根本的解决之道。简单地说,儒家虽然不绝对否定现实生活,但是又强调"舍生取义""杀身成仁""重义轻利",于是,圣人就好像被悬在空中,与现世幸福的"生"与"利"无缘;儒家虽然并不否认人的欲望,但总是过度强调"存天理,灭人欲",因此圣人之外的人就做不到;儒家总是强调这种理性道德必然有意义,但事实上,现实世界中坚持这种理念的人未必幸福,不坚持甚至背离这种理想的人反而能得到快乐(并不一定"善有善报,恶有恶报");儒家总是认为,人人都应当达到这种绝对高尚的境界,但是大多数民众又做不到,这就形成了麻烦。那么,儒家学说应当怎样解决这种矛盾?做一个圣人真的幸福吗?

我对这篇文章提了三点意见:

(一)首先必须明确儒家的"幸福"是什么。在中国,儒家的理想是寻求秩序。实现秩序有两种途径:一是强行约束人们遵循外在的礼仪和法律,从而形成秩序(荀子、韩非),一是通过内在道德的自觉提升和追求,实现天下、国家与社会的和谐秩序(子思、孟子)。渡边浩教授关注的是第二种途径,也就是后来占据主流地位的思孟学派的思路。但事实上,中国儒家(不包括日本的儒家)从来不是只有这一种途径,圣人不仅仅会寻求道德自觉,做到一箪食、一瓢饮的"孔颜乐处"(幸福一:圣贤境界,心境澄明,充满善念),实际上也有通过礼法,建立功勋、成就功名的成功与自豪(幸福二:封妻荫子,衣锦还乡),还有通过文学作品万世留名的得意(幸福三:文章千古事、不朽之盛事）。用《左传》的说法，儒家的幸福是"三不朽"（太上有立德、其次有立功、再次有立言）。所以，它的"幸福"是多层次的，儒家的"圣人"也有很多类型，不一定都面临"两难"。

（二）中国的儒家其实已经意识到这种仁与生、义与利、现实与永恒之间的两难，因此，会在三个维度上评价圣人是否幸福，从而避免矛盾：一是不把个人评价看成幸福，而是把社会认可作为幸福（绝对强调社会舆论的认同）；二是不把外在欲望的满足当作幸福，而是把内心境界的提升作为幸福（绝对强调内心与天理契合）；三是不把幸福看成现世的，而是把它看成历史的（"留取丹心照汗青"，历史的褒贬很重要）。这样就在某种程度上回避了现实生活中"生命短暂""生活困顿""地位卑贱"等所谓不幸福的问题。

（三）儒家在有关幸福以及怎样获得幸福的问题上，确实存在渡边浩教授说的两难（原来传统中国的"承负说""余庆余殃说"过于粗糙和简单，没有办法解决善恶的监督与报应问题），所以，历史上的儒家也往往借助宗教与风水。佛教和道教一方面接受了儒家的善恶是非道德观念，另一方面以它们的鬼神观念、天堂地狱、善恶报应等，保证实现儒家伦理道德者的幸福。朱子等儒家学者相信和容忍风水,也是看到了儒家无法回应"作为圣人一定幸福"的承诺,所以用风水与家族、子孙幸福之间的关系为儒家补足了这一短板。

2020.8.23—25

网野善彦的"日本观"

我的朋友羽田正教授甚至认为,网野善彦之后,日本就没有愿意从宏观叙述历史的大学者了。他的那本《何为日本》是一本很有名的著作,已经重印过很多次。

让我觉得有趣的是,这本谈论日本的书,从第一章起就激烈批判传统的日本论,诸如"绳文时代的日本""弥生时代的日本"等。他认为,成为"日本"只是7世纪到8世纪的事情,"日本"这个国名,是公元689年《飞鸟净御原令》才确定下来的,这是"日本"第一次出现在世界史上。所以,日本不是"自古以来"而是只有一千三百多年历史;同时,他也激烈地批评日本人是同一的、均质的单一民族的说法,认为现代的日本人来源很复杂。冲绳在15世纪还是另一个国家,阿依努人更晚才并入日本人中,所谓日本人的"岛国根性"并不符合历史;他甚至也不同意日本弥生时代以来主要种植稻米，主食为稻米，所以日本文化的根本就在稻作这种所谓"瑞穗国日本"的说法。

读网野善彦这本《何为日本》，常常可以读到他奇特而富于启迪意味的思想。像第三章"列岛社会与'日本国'"，他就极力强调，"倭"并不是"日本"。他举出几点来讨论：首先，他指出田中健夫《倭寇与东亚交通圈》（载《日本の社会史》第1卷《列島内外の交通と国家》，岩波书店，1987年版）、村井章介《中世日本的内与外》等，都已经证明所谓"倭寇"，整体上是西日本海的领主、商人，济州岛、朝鲜半岛南部、中国大陆南部的海上势力，虽然一方面"讲倭语，着倭服"，但实际上应当是一个超越国家的海上势力。而日本室町幕府从陆地政权出发，对这些海上势力，是三番五次禁止的，如果室町幕府代表了日本，那么"倭寇"就不是日本人。其次，通常用来讨论日本历史缘起的《三国志》的《倭人传》，其中记载的倭国女王卑弥乎，是所谓"亲魏倭王"，实际上，只代表后来广义的东国地域，不能算是日本。所以，直到5世纪的倭王武给刘宋皇帝上表文时，还说"东征毛人五十五国，西服众夷六十六国"，可见那时还没有"日本"这个国家。要到7世纪末（673—701），准确地说大概是681年，天武朝开始编纂的，天武天皇死后持统天皇时（689）实行的《飞鸟净御原令》，才有了"天皇"名号和"日本"国号（第83页），从这个时候起，才算有了"日本"和"日本人"。再次，这个时候虽然有了日本人，但仍不能包括全部现在的日本，比如江户时代的日本人，就不能包括阿依努人和琉球人。

据网野善彦介绍，早先的森巢博《无境界家族》对过去"日本人论""日本文化论"的批判就非常激烈，他甚至自称是"国贼作家"，更说"如果说，拥有日本国籍的人就是日本人，那么，'日本人论''日本文化论''日本文明论'等，就根本不能成立"。据说，森巢博批判的对象，可能是江藤淳的《日本人论》。森巢博质问江藤淳，你（江藤淳）说的日本人，包括阿依努、维尔塔（库页岛，中国叫鄂温克）和尼夫赫人吗？包括冲绳和小笠原的人吗？更进一步，包括"原在日本"的二十万以上的朝鲜"归化人"吗？

很巧，我手边正好有一本网野善彦的《日本历史上的东与西》，这部书仍是在强调日本东部和西部的历史与文化差异，比如所谓"东船西马"，他的意思就是说，在古代它们就不是"一国"。这种观念现在大概已经是日本史学界的共识，像冈田英弘的《日本史的诞生》、村井章介的《古琉球》,其实都有这个意思。

这本书后面附有大津透教授的"解说"。这篇"解说"中说到,大津透2003年曾去看病中的网野善彦,听他说过去的事情。其中很有趣的是,网野善彦虽然出身世家子弟,但1952年参加了为了人民解放而模仿中共的"山村游击队",到乡下驻扎。1953年,他进入东大,又参加了日本共产党,成为东大共产党活动的主导人士之一,同时,又参加了石母田正的历史学研究会及"国民的历史学"(关于"国民的历史学",参看小熊英二的《"民主"与"爱国"》(《"民主"と"爱国"》,新曜社,2002年版)。但一年之后,他就离开这些活动,尤其是1955年日本共产党自己的方针转换,抛弃了极"左"冒险主义的方针,他也就与这一思潮彻底分离(第343—344页)。

这真是一个有故事的学者。

此外,今天还抽空读了几页黑田俊雄的《王法与佛法》。黑田指出,"王法佛法相依论,本来就是在显密佛教与世俗权力结合而成的体制下,由佛教一方主导而发展起来的。这个佛法并不只有观念、思想层次上的意味,在现实中,也意味着拥有庞大的堂舍、庄园、末寺以及众多的'众徒''神人',不辞以强诉和会战方式存在的社会政治势力"。同时他也指出,在中世,"这一势力与公家、武家保持了相对的独立性"(见黑田俊雄:《王法と仏法:中世史の構図》,法藏馆,2020年版,第38页)。

2020.8.27

离别前的汤岛天满宫

难得与名胜比邻,可以天天亲近。

在东京八个月,一直住在学问之道起点处的 Elite Inn。这个 Elite Inn 在学问之道最西端,旁边就是有名的汤岛天满宫的男坂三十八级台阶。每天早上拉开窗帘,先看见对面的心城院,心城院供奉千手千眼观世音菩萨,属于最澄开创的天台宗。左手就是汤岛天满宫,每天早上去东京大学的研究室,就要先爬三十八级台阶,穿过天满宫满是梅树的小道。然而,尽管住处守着这一佛一道,却还是没躲过 2020 年的疫情,越来越严峻的病毒流行,让我们只能困守东京,只能每天和这个佛寺神社相伴。戴燕开玩笑说,这一切让人想起一月在镰仓鹤岗八幡宫请的那个签,那天,居然我们两人抽到的都是"凶"。

今天是在东京八个月的最后一天,突然觉得要告别这个熟得不能再熟的神社,却不由生出一丝留恋。

历史上——历史学者的习惯总是追溯历史——日本的寺社曾经势力很大,已故的黑田俊雄曾用"权门"一词,来概括中世日本的权力格局。中世权门三足鼎立,除了天皇朝廷的"公家"、幕府将军的"武家",就是佛寺神社的"寺家"。往日的寺社全盛期,僧侣们纵横捭阖,趾高气扬,甚至连天皇都摇头叹气。据说白河天皇(1053—1129)曾经说,自己权力再大,也有三不如意,一是控制不了贺茂川的水,没法儿让它倒流,二是没法儿管六博骰子的数目,毕竟掷出来的是天意,这第三就是拿"山法师"无可奈何。所谓"山法师"就是比叡山延历寺的和尚,几千个和尚武装起来就像一支军队,和世俗政治分庭抗礼。神社下面也有兵,据说都是些恶人,那叫"神人"。总之,寺社既是宗教信仰之圣域,也是经营产业的庄园,还是舞枪弄棒的兵营,不像中国的佛寺道观,大体上只是"方外"。不过,日本也因为有了势力庞大的佛寺和神社,神圣之地的古建筑得以保存下来,巨大的古树也长得郁郁葱葱,在现代,它就是忙碌的市民休闲之地,也是让水泥森林般的城市喘一口气的肺。

汤岛天满宫就算是我所住这一带的绿色之肺吧。东京大学所在文京区是高校密集之地,也是很多历史上名人求学、写作和交友的地方,住在这里,不经意间就会遭遇若干文化名人的故居,像夏目漱石,像鲁迅。高低错落的现代建筑和不加修饰的传统民居密密麻麻,如果你看街道上方纵横交错的电线,就知道人生活在什么样的拥挤之中。难得有天满宫,当然还有北侧的不忍池,这样的绿色让人心情放松。除了供祭祀仪式用的拜殿和不轻易让人参观的本殿外,汤岛天满宫最让人赏心悦目的,是一片精致的园林。长满了青苍苔藓的木桥,弯弯地架在一片青碧水池上,错落的山石点缀在池塘的周围。我以前曾经写过一篇关于中国传统"赏石"的文章,略微了解一些传统中国对装点园林的石头的看法。不过,日本的山石不像中国,中国人喜欢石头奇形怪状,讲究瘦、皱、露、透,日本的石头倒往往是朴实无华地蹲在角落,披着一身绿苔,无声地陪着梅树,匍匐在这里叫"芝居"的草坪的各个角落。当然,这里最有名的就是梅花,我们刚来的时候是冬天,到处是肃杀的样子,可汤岛天满宫的梅树却已经开始打苞,偶尔露出小小的花蕊,苍劲弯曲的老树,树干悬挂着"月出""暗香"之类的名牌,让人想起宋人诗句"疏影横斜水清浅,暗香浮动月黄昏"。只是那时梅花还没开,也没有暗香袭来。据说,汤岛天满宫的"白梅",就是东京的一个名胜,在天满宫赏梅,是很风靡的风雅活动。

祭祀菅原道真(845—903)的汤岛天满宫,传说始建于正平十年（1355），那时中国还是元朝末期。现在这个天满宫，看介绍是由太田道灌再建于文明十年（1478），天正十八年（1590）德川家康进入江户，还特别赏赐汤岛这个地方给天满宫，据说是为了继承菅原道真的文风，赢得"永世泰平"。后来，果然此地文风鼎盛，林道春、新井白石这些大文人都来参拜，使这个神社声名远扬。到了第五代将军德川纲吉（1680—1709年在位）的时代，在附近又建了汤岛圣堂，供奉儒家的孔子，建立了昌平坂学问所，这就是东京帝国大学的前身。幕末时期，随着日本国学之崛起，以及神道系统化，到明治维新时代，神社成了支撑神国或皇国日本的唯一精神象征，明治初年颁布的"神佛分离令"勒令神社中原本因为"神佛习合"而供奉的佛像统统搬出神社，把神社提升为来自古代日本的纯粹宗教，一时间神道神圣化成为国家宗教。

不过，现在日本的神社，除了明治神宫、伊势神宫、靖国神社等仍然具有政治象征意味之外，包括这个天满宫，早已不再关注皇国或神国，也和天皇没什么关系，神职人员也开始眼光下移，和民众的生活相关。有趣的是，汤岛天满宫不仅有和学问相关的"笔塚"碑、"文房四宝"碑、"讲谈高座发祥地"之碑，也有和学问完全无关的"料理庖丁道"碑，甚至还有满腔热情地鼓吹新派剧的"新派"

碑，这也算得上与时俱进。当然，天满宫最主要供奉的是菅原道真，这是日本的学问之神，他负责的是年轻人的学业，当然现在的学业不是学问，只是"进身之阶"，在普通人面对"荆棘之门"的时候，想到的就是让菅原道真附身，所以到这里来祈求愿望实现的总是年轻人。你如果看看这里重重叠叠挂满的绘马，里面大多数写的都是"考上某某大学""某某学校合格"。我们曾经仔细看绘马，发现这里很少有人写考上东京大学、京都大学等名牌大学的，问了问戴燕，她倒是觉得，那些"学霸"信心满满，大概是不屑于祈求神灵的，觉得自己凭本事就能考上罢。

因了天满宫的缘故，我们住的街道就叫"学问の道"。不过，天满宫如果只管进学，大概除了每年大考中考，其他时间就会冷落吧，所以，它也得管管其他事情。即将离开的这个夏天，天满宫就开设了"夏越大祓"的仪式。我们路过的时候，看见在鸟居和拜殿之间设置了"茅の輪くぐり"，"茅轮"就是用草扎成直径两米的大圈，让参拜者从茅轮中穿过，然后向左兜回来再穿过一次，据说这样就可以消除夏天的瘟疫。正值病毒疫情肆虐的时候，不管信与不信，我们也都入乡随俗地走了两圈。八月底，当我走上男坂的三十八级台阶时，迎面看到的是八月和九月的活动招牌，叫作"七五三诣"，上面写着八月十日、二十二日,九月六日、二十二日,从上午十点到下午四点半,参拜神灵中,可以拍纪念写真,可以租借衣服,也可以帮你化妆。

即将离开东京,想起每天经过的这个汤岛天满宫,于是重新爬上台阶,在神社里重走一圈。很有些感慨,大概人最容易忽略身边的风景吧,于是匆匆地写下这篇短文,记下我们身边这个天天经过的汤岛天满宫。

汤岛天满宫的茅轮

望 MOUNTAIN
登自己的山

主　　编｜谭宇墨凡
特约策划｜朱天元
特约编辑｜谭宇墨凡　　顾逸凡

营销总监｜张　延
营销编辑｜狄洋意　　闵　婕　　许芸茹

版权联络｜rights@chihpub.com.cn
品牌合作｜zy@chihpub.com.cn

至元
CHIH YUAN CULTURE

出品方　至元文化（北京）
CHIH YUAN CULTURE

Room 216, 2nd Floor, Building 1, Yard 31,
Guangqu Road, Chaoyang, Beijing, China

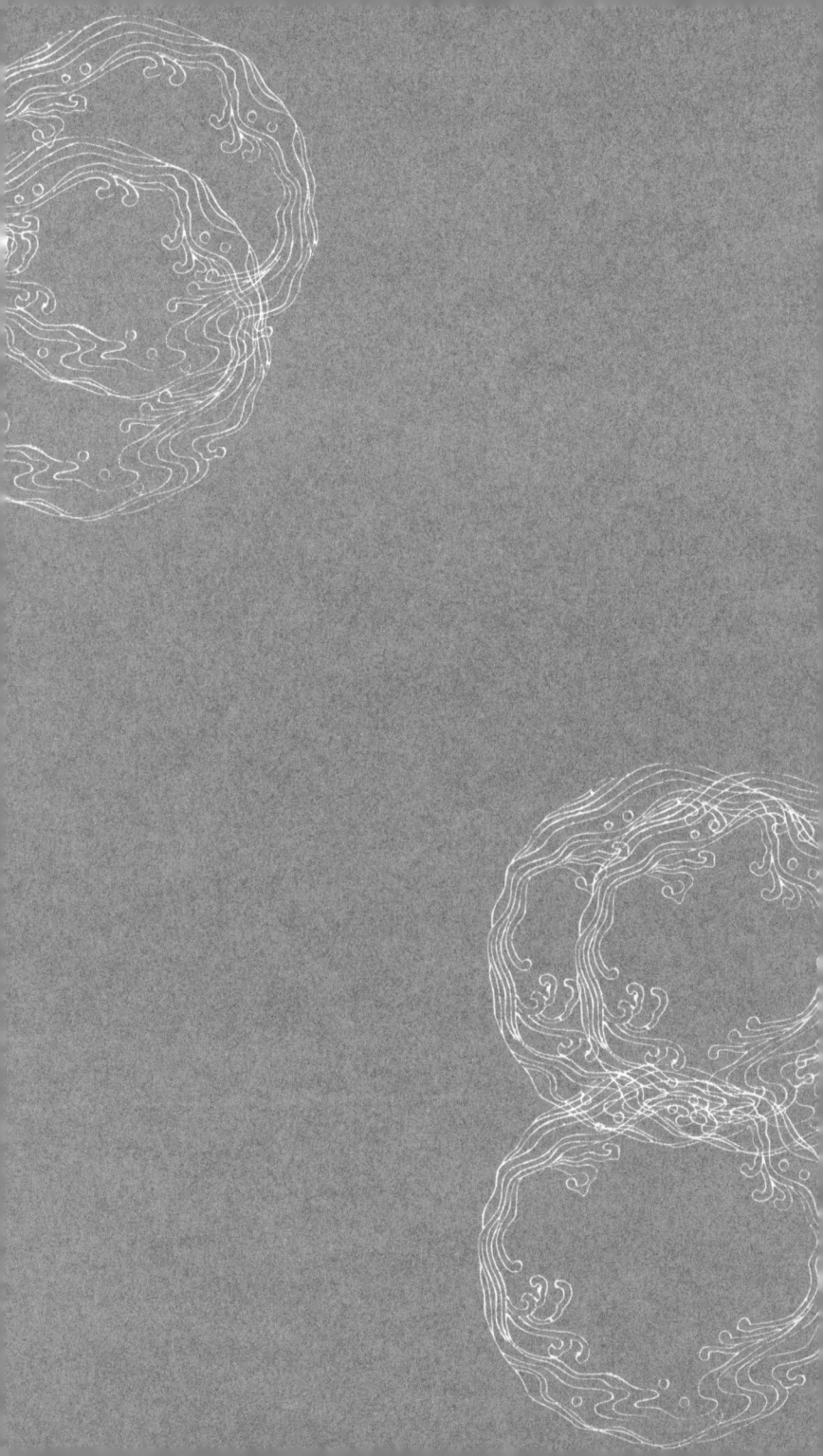